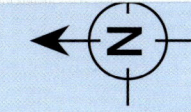

... Golf Club
10 Sutton Golf Club
Dublin

... Golf Club
6 Powerscourt Golf Club
12

5 Kildare Hotel & Country Club

Druids Glen Golf Club

7 The European Club

22 Rosslare Golf Club

25 Carlow Golf Club

13 Kilkea Castle Golf Club

14

28 Faithlegg Golf Club

24 Mount Juliet Golf & Country Club

Waterford Castle Golf & Country Club

29 Tramore Golf Club

26 West Waterford Golf Club

27 Gold Coast Golf Club

Galway Bay Golf & Country Club

Limerick

18 Adare Golf Club

23 Dromoland Golf Club

52

17 Adare Manor Golf Club

15 16 Cork Golf Club Little Island

Fota Island Golf Club

Cork

19 Old Head Golf Club

39

36 Lahinch Golf Club

Killarney Golf & Fishing Club

35 Ballybunion Golf Club

33 Tralee Golf Club

20

21 Ring of Kerry Golf & Country Club

30 Glengarriff Golf Club

31 Parknasilla Golf Club

34 Dooks Golf Club

37 Ceann Sibeal Golf Club

Waterville Golf Club

32

N

Hans-Joachim Walter

Fairways

zwischen Wasser, Wind und Wolken

Fotos von Brian D. Morgan

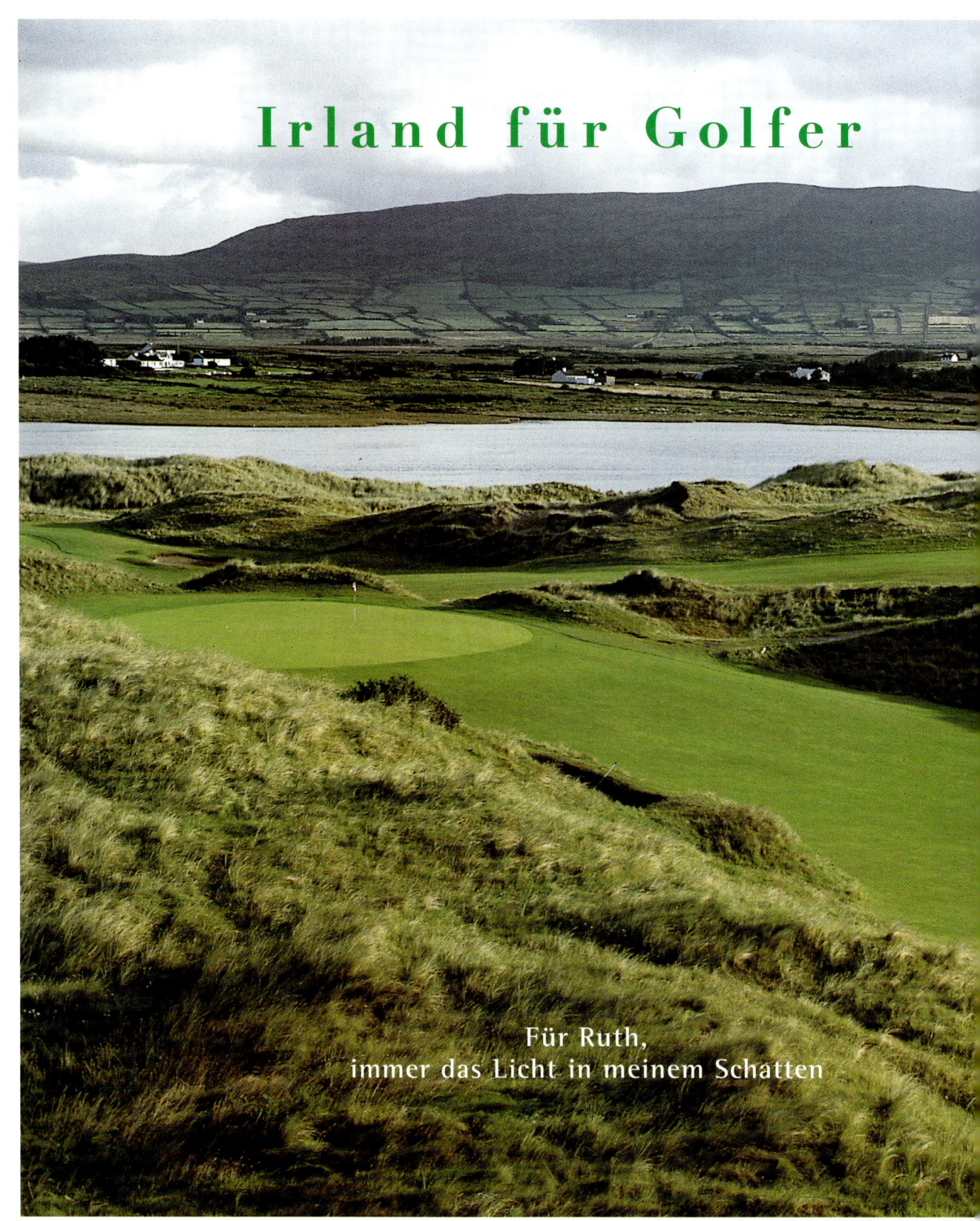

Irland für Golfer

Für Ruth,
immer das Licht in meinem Schatten

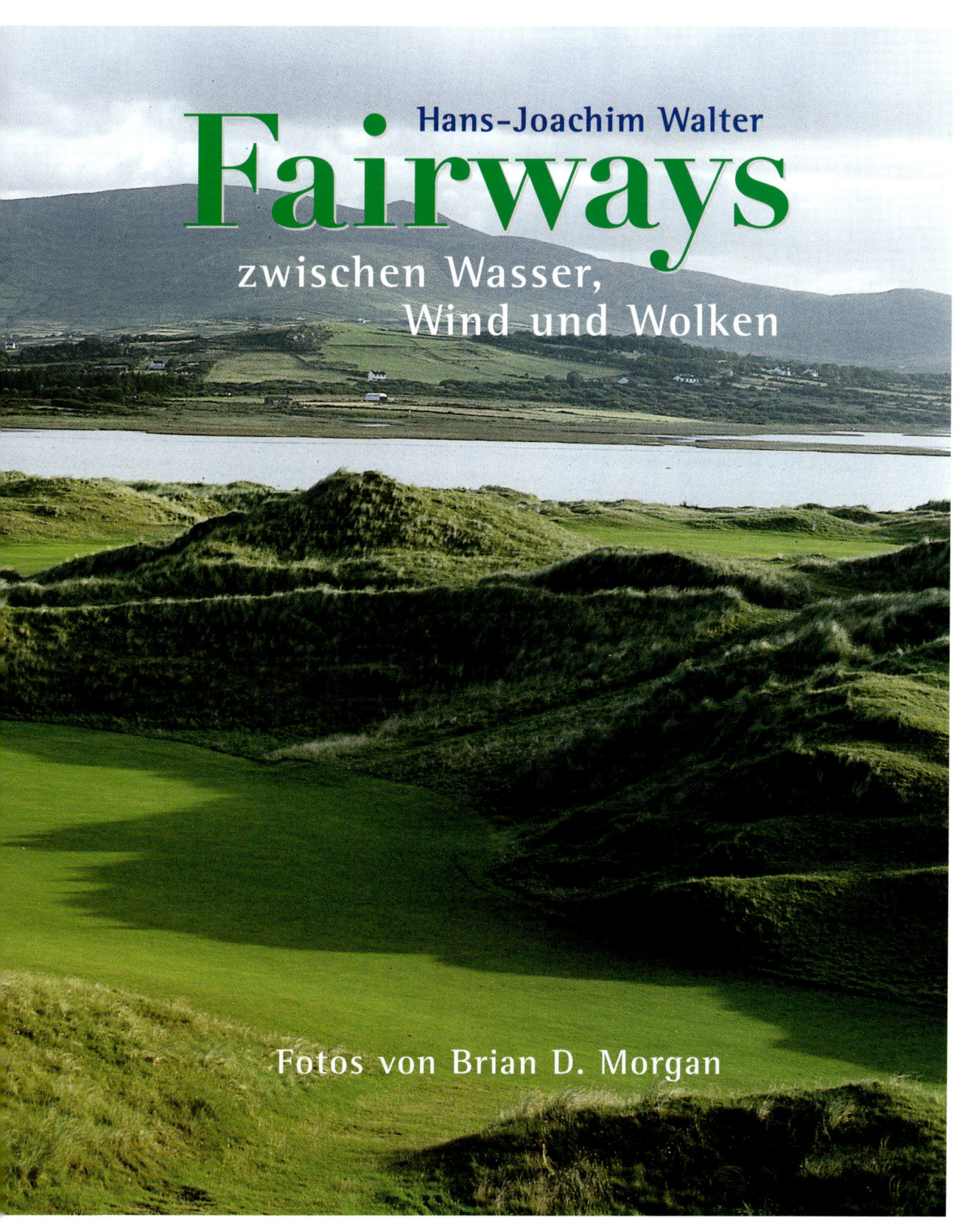

Hans-Joachim Walter
Fairways
zwischen Wasser,
Wind und Wolken

Fotos von Brian D. Morgan

Inhaltsverzeichnis

Vorwort

Seit ich Irland 1960 erstmals besuchte, um auf dem Links von Portmarnock am World Cup (damals noch Canada Cup) teilzunehmen, den Sam Snead und ich für die USA gewinnen konnten, bin ich den Fairway-Faszinationen der »grünen Insel« erlegen.

Kaum ein anderes Land kann mit einer solch geballten Vielfalt überragender Küstenplätze aufwarten, während erstklassige Inland-Courses dieses Angebot in den letzten Jahren noch ergänzt haben.

Es war für mich eine Herausforderung, zu dieser Entwicklung beizutragen mit zwei Arbeiten als Designer, die ich zu meinen besten rechne: »Tralee« an der Westküste und »The K Club« nahe Dublin.

Hans-Joachim Walter ist der Stimmung, die diesen Plätzen eigen ist, auf den Grund gegangen und hat ihre Partitur einfühlsam gedeutet. Brian Morgan, der wohl Bekannteste seines Faches, begleitet den mitreißenden Text als Fotograf visuell kongenial.

Ihre Interpretationen laden unwiderstehlich dazu ein, nach Irland aufzubrechen, um diese großartigen Plätze zu spielen.

Arnold Palmer

Prelüde

Das verwitterte Holzschild schwankte im Schilf wie der Rosenkranz am Bug eines Kutters. Aus einem Himmel, der eine maßlose Stille verströmte, fielen einige Tropfen, halb im Scherz. Obwohl die Wolken von Sekunde zu Sekunde dunkler wurden, wollte es nicht anfangen zu regnen. Selbst der Wind haderte.

Mit bunten Buchstaben, die einem offenen Malkasten entsprungen zu sein schienen, verabschiedete sich die kleine Tafel von dem Besucher: Connemara Golfclub dankte für die Mühsal der langen Anfahrt, wünschte ein gesundes Wiedersehen und Gottes Segen.

Immer, wenn mich zuverlässiges Heimweh an diesen entlegenen Winkel der Insel zurückführt, um entlang der Ballyconneely Bay auf die Runde zu gehen, mache ich mir Sorge, der gutgemeinte Gruß könnte im Strudel der Zeit abhanden gekommen sein.

Gewiss, hier, wo die Wellen wie eine schwermütige Ballade auf den Strand schlagen, scheint die Zeit stehen geblieben zu sein. Insgesamt jedoch gönnt sich das Land einen tiefgreifenden Wandel und verschreibt sich mit jenem Eifer, der wohl auch der irischen Revolution zum Sieg verhalf, den historischen Augenblick, zwei Jahrzehnte zu überspringen und sich von einem weiteren einholen zu lassen.

Heute wird das Land, längst zum dynamischen Standort der Europäischen Union gereift, hin und her gerissen zwischen sentimentalen Träumen von einer Wiedergeburt der keltischen Kultur und der Aussicht auf eine »heldenlose« und wohlstandsorientierte, also ganz »unirische« Zukunft.

Auf dieser Springprozession zu mehr Wohlstand leistete der Tourismus schon immer eine wichtige Gehhilfe. Nur konnte man sich auf den auswärtigen Golfer bisher wenig stützen. In der Schar der Natur- und Kunstliebhaber wirkte er eher als gestrandeter Einzelgänger. Zwar hatte sich die überragende Qualität klassischer Plätze wie Ballybunion, Portmarnock oder Killarney auch außerhalb des Landes herumgesprochen. Aber die Reise zur »Insel der Heiligen« galt immer auch ein wenig als Aufbruch zu einem exotischen Flecken am Rande Europas.

Indes, die romantische Vorstellung von Irland als Hort anheimelnder Katen, melancholischer Poesie und barfuß tanzender Mädchen auf dampfendem Boden erfährt auch hier eine Veränderung. Die notorisch anmutende Rückständigkeit der Republik gehört der Vergangenheit an, und die »alten Wahrheiten« stimmen nicht mehr.

In der wohl richtigen Annahme, dass dem Golfsport in Zukunft ein rasanter Aufschwung bevorsteht und der vollklimatisierte Pauschalurlaub mit Sonne und Sand an Attraktivität verliert, haben vorausschauende Investoren historischen Häusern und verfallenen Schlössern neues Leben eingehaucht und ihren dahinwuchernden Gärten ein exquisites Platzdesign

angepasst. Wer hier unterwegs ist, erfährt auch, dass die Behauptung, der Ire hinge an seinen Rindern wie eine alte Frau an ihrer halbblinden Katze, der Vergangenheit angehört.

Paddy, Tom oder Seamus haben längst ihre Viecher abgeschafft und in einer teuren Metamorphose aus den Weiden 18 Löcher entstehen lassen. Sie gehören längst nicht mehr der Gilde begnadeter Dichter oder notorischer Trinker an, sondern haben erfolgreich bei den EU-Bürokraten antichambriert und ihre Investitionen mit Hilfe der reichlich sprudelnden Gießkanne des »Regional Development Funds«, der strukturschwache Gebiete unterstützt, gefüttert.

Niemals, seitdem schottische Ex-Patrioten 1881 in Belfast den ersten Club gründeten, »grünte« die Insel prächtiger.

Gewiss, die Wiege des Golfsports steht in Schottland. Aber Irland hat, wie es scheint, das Spiel aus der Wiege gehoben, es entlang den flachen Klippen der Ostküste geschaukelt und mit leuchtendem Patchwork in die sanften Hänge der Midlands eingebettet. Man muss dieser Spur weiter folgen bis hin zur Südküste, wo sich die Grafschaft Kerry mit einem Hauch mediterraner Pracht in den spitzen Buchten des Atlantiks verliert und ein üppiger Farbenwirbel nördliche Breiten vergessen lässt. Wer bereit ist, sich von

Viele Wege Irlands, auch die sportlichen, sind gesäumt von Ruinen. Der Rundturm Barrow, errichtet von Heinrich VIII., im Schatten des 3. Grüns von Tralee.

den Hauptrouten zu lösen, wird dem Weg weiter in den »wilden Westen« folgen, um auf weltberühmten Links in die wechselnden Stimmungen, die Licht, Meer und Berge erzeugen, einzutauchen.

Zu einem so nicht erwarteten Höhepunkt gerät die Safari schließlich im hohen Norden, wo grüne Wellen ihre Wut an einsamen Stränden auslassen und man wie zufällig in Clubs landet, die man dann sein Leben lang nicht vergessen wird. Trotz der Heiterkeit des Horizontes ist dies keine Gegend leichten Genießens, aber wer sein Inneres zu trainieren weiß, wird hier reichlich belohnt.

Man mag bedauern, dass diese Prozession nur vier Himmelsrichtungen kennt. Aber dann bäumt sich die Insel noch einmal auf, um ausgerechnet außerhalb der Republik, im verwundeten Nordirland, die letzte Steigerung von Golf als Landschaftserlebnis zu offerieren. Gemeint sind die denkmalgeschützten Klippen der Antrim Coast und, als südliches Anhängsel, die einsame Schönheit von Royal Co. Down im Schutz der Mourne Mountains.

Hier, am dramatischen Schnittpunkt von Natur, blutiger Vergangenheit und unsicherem Frieden, schließt der Reigen. Niemand wird, sofern er nicht gerade Holländer ist, die Stellung Schottlands als »Home of Golf« bestreiten. Aber wenn dem so ist, zögere ich nicht, Irland als die »gute Stube« des Golfs zu bezeichnen. Immer durchlüftet, mit offener Haustüre, oft aufregend eingerichtet, so etwa präsentiert

Im hohen Norden, an der Spitze von Malin Head, wo Ballyliffin liegt, haben sich alle Farben zum Kehraus versammelt Irland in verwegen schönem Abschiedsgewand.

sich das Mobiliar der grünen Bühne. Bei allem ist ein Hauch von Herzlichkeit, der an bessere Zeiten der Menschheit erinnert, tonangebend. Er ist resistent gegen jedes neue Tief und gegen diesen Wind, der nie stillzuhalten scheint.

In der Tat kann sich keiner, der hier mit Schläger und Tasche unterwegs ist, dem Gefühl, willkommen zu sein, entziehen. Schon in den Clubhäusern, die sich von provisorischen Erste-Hilfe-Stationen zu »Kapellen der Behaglichkeit« gemausert haben, wird man empfangen wie ein lang vermisster Verwandter und als eine Art Ehrencousin nach den Mühen des Tages entlassen. Die Clubsekretäre - oder ihre heftig rauchenden Kolleginnen - lassen sich bereitwillig vom Gast ihren Tagesplan durcheinander bringen und vermitteln den Eindruck, dass der gemeinsame Sport mehr verbindet als alle Blutsbande. Trotz des spürbaren Wandels hat sich die schon klischeehafte Liebenswürdigkeit der Iren, die gern die Pflichtfächer der Europäischen Schule schwänzen, nicht geändert.

Auf Besucher, die an eine Kosten-Nutzen-Nettigkeit gewöhnt sind, muss dies abfärben. Jahrhunderte der Not mögen diese Mischung aus Hilfsbereitschaft und geselliger Neugier zusammengeschmolzen haben. Bei einer Nation, die den Tanzsaal mitten im offenen Feld unter freiem Himmel eher zu schätzen weiß, findet die Idee des Clubs nur widerwillig Anklang, zumal mit diesem Begriff auch die Erinnerung an eine Erfindung durch die Engländer verbunden ist. Als einzige große Golfnation verzichtet man daher auf die oft kuriose Unterscheidung zwischen privat, semiprivat und öffentlich. Keine formelle Anmeldung ist nötig, niemand muß mit dem Heiligenschein eines Empfehlungsschreibens wedeln, um sich Einlass zu verschaffen.

Ankommen und abschlagen - das scheint eine wichtige, ungeschriebene Golfregel zu sein.

Ohne gleich die eigene Erbtante meucheln zu müssen, lässt sich die Entrichtung der Spielgebühr, oft eher eine bescheidene Spende, bewerkstelligen. Dazu passt die Begebenheit, die einer Gruppe japanischer Besucher vor nicht allzu langer Zeit in Rosses Point, nahe Sligo, widerfuhr. Für die Berechtigung, die Anlage im Schatten des Benbulben-Tafelberges zu bespielen, wurde ihnen ein Betrag von etwa 150,- DM abverlangt, in ihren Augen ein angemessenes Greenfee. Als sie ihr Ansinnen am nächsten Tag wiederholten, stellte sich heraus, dass ein Missverständnis vorlag: Die Gebühr des Vortages beinhaltete die Jahresmitgliedschaft.

Die Leidenschaft, mit der sich die Iren selbst dem Golfsport verschrieben haben, mag gewiss ihrer angestammten Naturverbundenheit und einem beglückenden Individualismus zugeschrieben werden. Wesentlicher erscheint jedoch die Beobachtung, dass dieses Spiel ihrem Naturell entgegenkommt.

Golf ist, wenigstens äußerlich betrachtet, eine gemächliche Angelegenheit, gewissermaßen die Dramaturgie der Langsamkeit, und bietet Raum für mitteilsame Leutseligkeit. Iren hassen das Alleinsein. Bei ihrem Talent, Geselligkeit zu improvisieren, scheint es sich um eine Volksgabe zu handeln. Sie muss einer katholischen Tugend entsprungen sein, während schroffe Überheblichkeit ihre Wurzel im protestantischen Übel gründen mag.

Vor allem ist Golf, wie so mancher Inselbewohner, widersprüchlich: Keine Sportart hat den Misserfolg systematischer zur Grundlage des Erfolges gemacht wie der Kult um die weiße Kugel. Hinzu kommt, dass die Schwungtechnik auch Sonderlingen Gelegenheit bietet, ihr Talent zu erproben. Während andere hart daran arbeiten, die klassische Bewegung zu erlernen, kümmern sich die Einheimischen wenig um einen korrekten Stil. Ein Volk, das im Laufe der Geschichte mit wechselnder Härte beherrscht und ausgeplündert wurde, lässt sich, selbst im Sport, nicht gern reglementieren.

Dieses Buch will zu einer abwechslungsreichen Golfsafari verleiten. Ausgehend von der Hauptstadt werden in einem flächendeckenden Rundgang die Plätze vorgestellt. Die besten und bedeutendsten sind darunter, aber auch Entdeckungen und »Findelkinder« abseits der offiziellen Route. Nicht alle sind so großartig wie Lahinch oder Tralee. Aber sie sind auf jeden Fall individuell, eigenwillig, bisweilen kurios. Die Beschreibung will sich nicht mit der Oberfläche begnügen, sondern befragt die Anlagen unter Berücksichtigung des Landschaftsbildes auch nach ihren historischen und gegenwärtigen Hintergründen, um so ein intensives Gesamtbild zu vermitteln. Diese Rundreise gerät somit auch zu einer Begegnung mit Plätzen unterschiedlicher Epochen und Architekten verschiedener Generationen.

Die Behauptung, auf der Insel gäbe es so viele Golfplätze, dass ein Spieler mit dem Holz 1 das Land von der Südgrenze bis zum äußersten Norden durchqueren könne, ist eine Erfindung der Tourismusindustrie. Tatsächlich aber verteilen sich die mittlerweile mehr als 300 Anlagen so über das Land, dass man vom 18. Grün der einen bis zum 1. Tee der nächsten weniger als eine halbe Stunde Anfahrt in Kauf nehmen muss.

Wahr ist auch, dass sich in manchen Gegenden die Plätze Schulter an Schulter reiben und man Gefahr läuft, nach Beendigung der Runde im falschen Club zu landen. Sonnenscheingarantie darf, wie sich herumgesprochen hat, nicht erwartet werden. Seit Tacitus wissen Reisende aus dem Süden, dass »der Himmel im Nordwesten Europas durch häufige Regen und Nebel verdunkelt ist«. Was Tacitus nicht wusste: wie das Wetter mit seinen Möglichkeiten paradiert, der atlantische Wind schwarze Wolken mit hellem Licht vermischt, diesem Wechselspiel der Elemente einen Hauch heiterer Ausgelassenheit

Watervilles 11., ein Loch, wie »es im Buche steht«, bündelt die dramatischen Dimensionen eines Küsten-Fairways. Nicht überall gelingt es, in die vieldeutige Atmosphäre eines Links auf Anhieb einzudringen. Aber hier trifft man auf die »fertige Stimmung«.

und der Golfrunde die richtige Würze verleiht. »Wem das Wetter nicht gefällt, der soll einfach eine Minute warten«, verriet mir philosophisch ein Caddie in Cork.

So ein Platz kann täglich alle Jahreszeiten erleben und feiert immer wieder Premiere. Heinrich Böll, der Nobelpreisträger für Literatur, hat mit seinem »Irischen Tagebuch« zu Beginn der sechziger Jahre eine stürmische Entwicklung nachkriegsdeutscher Irland-Begeisterung eingeleitet. Als Reisestimulanz sind seine liebenswürdigen Beschreibungen der kinderreichen und bisweilen kauzigen Katholiken unübertroffen. Seinem großen Buch, das sich als schmales Bändchen tarnt, stellt er ein oft zitiertes Motto voraus: »Es gibt dieses Irland: Wer aber hinfährt

und es nicht findet, hat keine Ersatzansprüche an den Autor.«

Es gibt auch diese Golfplätze. Sie sind keiner keltischen Zauberformel entsprungen.

Man braucht nur den bunten Fahnen zu folgen. Sie sind leuchtende Wegweiser. In den frühen siebziger Jahren besuchte der damals noch weitgehend unbekannte Bernhard Langer die Insel, um sich mit den Eigenarten des Links vertraut zu machen. Er wollte vier Runden spielen, blieb aber schließlich vier Wochen. Es ist leicht, Ire zu werden.

Übrigens, Golf heißt auf Gälisch, der Muttersprache, »Chumann«, und Gälisch, so sagt man, sei die Sprache des Paradieses.

Schon mag man bedauern, dass diese Safari nur vier Himmelsrichtungen kennt. Aber dann gibt es als Zugabe noch die Provinz Nordirland als letzte Steigerung eines Golf- und Landschaftserlebnisses: im Bild Royal Co. Down.

Kapitale Klassiker

GOLF IN DUBLIN UND UMGEBUNG

Mehr als siebenhundert Jahre war Dublin die Metropole einer unterdrückten Kolonie, die von den Engländern mit unterschiedlicher Härte ausgeplündert wurde. Trotz aller Imageverbesserung ist ihr das auch heute noch anzusehen.

Eine tiefe Kluft tut sich auf zwischen dem Süden der Stadt, wo man sich immer sichtbarer auf das einst glänzende georgianische Erbe besinnt, und dem Norden, einer Gegend pulsierender Armut. Mit Gleichmut zieht die Liffey, deren Wasser wie uralte Tinte dahindümpelt, diese Wohlstandsgrenze. Manche Gegensätze sind so unbegreiflich, dass es schmerzt. Man ertappt sich dabei, einen Nachruf schreiben zu wollen, um im gleichen Atemzug eine Hymne auf diese Stadt anzustimmen. Aber Dublin war auch immer eine zuverlässige Lieferantin für Kreativität, die ihr abgetragenes Kleid mit den vielen Löchern in den Strümpfen aufs Wunderbarste wieder herzurichten vermochte.

Von Gegensätzen anderer Art profitiert der Golfer. In keiner Hauptstadt der Welt wechseln bedeutende, ja weltberühmte Dünenplätze mit üppigen, parkähnlichen Gefilden auf so engem Raum. Sie alle verwandeln die Peripherie der Kulturhauptstadt Europas 1994 in einen leuchtenden Teppich.

»Portmarnock« und »Royal Dublin« könnte man zu Fuß von der Hauptpost aus, dem Widerstandsnest der Rebellen von 1916, erreichen. Weniger als eine halbe Stunde Autofahrt bedarf es, um nach der Landung mit dem Flugzeug Kostbarkeiten wie »The Island«, »Hermitage«, »St. Margaret's« oder »Portmarnock Links« zu erreichen.

Augenblicke der Verzauberung: Auf kleinstem Raum die größte Vollständigkeit zu entwickeln, das schafft auf der europäischen Landkarte nur Dublin. Die Metropole als kreative Lieferantin weltberühmter Küstenplätze und parkähnlicher Anlagen, die auch Maßstäbe setzen im Bild The K-Club, 2. Loch.

Weiter nördlich ist »The Baltry« auf rätselhafte Weise noch nicht vom touristischen Pilgerstrom entdeckt worden, während sich an den südlichen Klippenfairways der etablierte Club »Woodbrook« mit den brandneuen Nachbarn »The European Club« und »Druids Glen« ernsthafte Konkurrenten aufgehalst hat.

Wer eine weitere Steigerung der Möglichkeiten sucht, muss sich landeinwärts orientieren, wo mit dem »Kildare Country Club« das prestigeträchtigste Projekt der Gegenwart auf den neugierigen Akteur wartet. Auf uralter Erde konnte hier die Idee eines exemplarischen Landschaftsgartens verwirklicht werden.

Irgendwo auf den Hügeln von Howth heftete mir jemand nach 18 windgepeitschten Löchern ein Kleeblatt als Anstecknadel an die Mütze.

In Dublin muss man mit liebenswerten Merkwürdigkeiten rechnen.

Flaggschiff mit Stallgeruch

PORTMARNOCK GOLF CLUB (OLD)

Portmarnock – ein Name wie ein Paukenschlag. Im Land der Kirchenchöre und Katholiken die Kathedrale des irischen Golfes. Sie stimmt auf das »Gestern« ein, trägt aber nicht die Bürde eines Denkmals, sondern steht für Tradition, Fairness und spannende Herausforderung. Obwohl sie es nicht mit der Dramatik von Bullybunion aufnehmen kann, nicht an die Weite von Waterville heranreicht und hinter dem verschmitzten Charme von Lahinch zurückbleibt, wirkt sie schwer und rund wie ein Edelstein mit altmodischem Schliff und funkelt, als hielte sie alles Licht der Welt gefangen.

Die subtil gescheitelten Grüns gelten als treu und unübertroffen, kein Fairway gleicht dem anderen, auf jedes fällt der helle Schatten der Historie. Das 19. Jahrhundert liegt vor aller Augen. Die Akteure der Gründerzeit erreichten ihr Ziel an der äußersten Spitze der Baldoyle Peninsula, die wie viele andere Halbinseln der Dublin Bay wie ein grüner, gestrandeter Wal daliegt, je nach Gezeiten mit dem Boot oder der Pferdekutsche. Die Anfahrt war im Greenfee inbegriffen.

Ursprünglich bestand die Anlage aus neun Löchern, die im östlichen Marschland angesiedelt waren. Als Clubhaus diente der Stall einer gewissen Maggie Leonhard, über deren einzige Kuh die Chronik zu berichten weiß, diese habe ebenso viele Bälle wie Gras verschlungen.

Heute erreicht man Portmarnock über eine einspurige Schotterstraße entlang des Ufersaumes, wobei das weiß getünchte, verwinkelte Clubhaus wie ein Ölgemälde am Horizont auftaucht. Hat man erst einmal seinen Eingang gefunden, trifft man auf eine freundliche Atmosphäre, die, angesichts der Reputation der Anlage, überrascht. Der Neuling auf dem ersten Tee mag sich, nach allem, was er gehört hat, wundern, einen der schwersten Plätze im Championship Golf betreten zu haben. Mit irreführendem Understatement präsentiert sich der Klassiker auf den ersten drei Löchern entlang dem schleimigen Grün einer tiefen Kaimauer.

Der gutmütige Auftakt, der mit seiner sanft geschwungenen Kurve der Krümmung eines Schäferstabes nicht unähnlich ist, sollte als Plattform für einen ordentlichen Score genutzt werden. Bei vorherrschendem südwestlichen Wind jedoch zeigt Portmarnock seine Muskeln und dehnt die ohnehin beachtliche Gesamtstrecke von 6529 Metern unerbittlich aus. Lassen Sie sich nicht von Bernhard Langers Rekordergebnis von 19 unter Par bei der »Irish Open« blenden. Dieses Resultat ist nicht zu wiederholen, wenn die Möwen rückwärts fliegen. Zwar stört kein blinder Schlag den Spielfluss; auch muss man die Streckenführung, die zweimal in lang gezogenen Längsschleifen zum Clubhaus zurückfindet, als überaus ideenreich bezeichnen. Dennoch wird jede Runde hier von der schwierigen Auseinandersetzung mit stets wechselnden Spielrichtungen – niemals sind mehr als zwei Löcher hintereinander gestaffelt – und beispielloser Bunkerplatzierung beherrscht.

Portmarnocks Bunker sind hungrige Burschen. Sie drängen in jedes Fairway und vergittern jedes Grün. Harry Bradschaw, der die »Open Championship« 1949 möglicherweise deshalb verlor, weil er in der letzten Runde seinen Ball aus einer Glasscherbe herausschlagen mußte, hat fast sein ganzes Leben hier verbracht. Er hält das 5. Loch, ein Par 4, für das beste der Runde. Fast 170 Meter sind zu überwinden, um das rettende Fairway zu erreichen. Zwei ausgedehnte Crossbunker erschweren den Weg zum Grün. Wie überall ist es pfeilschnell und gibt seine Geheimnisse erst nach sorgfältigem Studium preis. Wer es sich zur Eigenschaft gemacht hat, die Bälle auf den Grüns eher zu besänftigen als zu schlagen, erspart sich manchen Ärger. Am langen 6., dem einzigen Par 5 der Löcher »out«, kann es bei Ostwind passieren, dass auch nach drei gut getroffenen Hölzern noch nichts von Grünnähe zu spüren ist. Ein überraschendes Dilemma wird zudem von einem linker Hand im Vorgrünbereich gelegenen Tümpel hervorgerufen, der bis zuletzt verborgen bleibt. Das einzige Par 3 der ersten Hälfte, dessen einladendes Grün sich in einer natürlichen Senke duckt, gibt noch einmal Gelegenheit zum Atemholen, bevor die beiden längsten Par 4 des Hinwegs zum Clubhaus zurückführen.

Eine Kehrtwendung von 360 Grad in Richtung Dublin Bay macht die Partie nach der Wende. Wer sich noch mit möglichem Rückenwind am 9. retten konnte, muss nunmehr für

Mit geradezu »alttestamentarischer« Wucht durchpflügen die Fairways von Portmarnock einen ungeschminkten Boden.

Das heroische Par 3 am 15. Loch wiegt sich im Takt mit der See und korrespondiert mit ihr wie eine erstarrte Welle, der Zeit trotzend.

einige Zeit den Gegenwind in Kauf nehmen. Das ist der Auftakt zu einem noch abwechslungsreicheren, indes nicht leichteren zweiten Durchgang. Das Terrain ist bewegter, detailbesessener, stärker auch den Elementen ausgesetzt, die Grüns kleiner und heftiger kupiert. Alles aus einem Guss.

Nach einem weiteren langen Par 4 und einem kurzen Par 3, das naturbelassen einen Dünenabschnitt nützt, eröffnet das hoch gelegene 13. Tee noch einmal die Möglichkeit, die Schultern weit zu öffnen. Auf Portmarnocks berühmteste Löcher freilich treffen wir anschließend am 14. und 15. Loch.

Obwohl nur 360 Meter lang, muss der Drive am schwierigen 14. zunächst den hämisch gesetzten Fairwaybunker links passieren. Je nach Windrichtung kann der zweite oder dritte Schlag vom ebenen Grund aus ein Holz oder ein kurzes Eisen zum hangartig geschnittenen und beidseitig abfallenden Grün erfordern.

Puristen unter den Links-Anhängern geben sich nicht zufrieden, wenn ihnen keine spektakuläre Seeaussicht geboten wird. Auf Baldoyle ist die See zwar stets wie ein entfernt vor sich hin summender Teekessel in den Ohren. Sichtbar aber wird sie erst am 15. Loch.

Das viel gepriesene, klippenartig angelegte Par 3 läuft parallel entlang der Küste. Das Tee liegt hoch in den Dünen und verschafft den denkbar schönsten Rundblick: Dublin Bay und Howth zur Rechten, draußen in der offenen See die Inseln Ireland's Eye und Lambay, rechter Hand die Hügel von Wicklow und, wenn die Wolkenmauer einen Riss bekommt, die nordirische Hügelkette der Mountains of Mourne. Viel Geschick ist erforderlich, das plateauartig aufgebaute Grün mit seiner schmalen Taille zu treffen. Drei Bunker warten auf die kleinste Abweichung des langen Eisens. Ein couragierter Schlag über die Ausgrenze des Strandes hinweg ist bei Ostwind erforderlich, selbst Windstille scheint keine Erleichterung zu bringen. Arnold Palmer hat diesem Loch ein Denkmal gesetzt, als er es beim World Cup 1960 als bestes Par 3 der Welt bezeichnete.

Das Schlusstrio bietet wenig Gelegenheit, die Partie gemächlich ausklingen zu lassen. Das 16. führt auf schmaler Spur in einer lang gestreckten Linkskurve zur nördlichsten Ecke des Platzes. Ein Birdie hier herauszuholen wird ebenso schwer sein wie ein Par auf den letzten beiden Löchern. Trotz der 16 Bunker eröffnet das 17. dazu eher die Möglichkeit als die ellenlange Bahn am Finalloch.

Ein klassischer Test, der mit Ausnahme der »Open Championship« alle großen Turniere gesehen hat. Aber am meisten genießt man Portmarnock, wenn die Massen gegangen sind und sich ein leicht beflügelter Frieden auf die Fairways herabsenkt.

Im Gelände der Geschichte(n)

PORTMARNOCK HOTEL & GOLF LINKS

Wer immer in diesem Jahrhundert den Old Course von Portmarnock ansteuerte, wird, wenn er seinen Blick nach links richtete, dort eine aufmüpfige Dünenlandschaft entdeckt haben. Mutter Natur hatte bereits die Rezeptur für einen Küstenplatz ausgeheckt und scheinbar nur die Flaggenstangen vergessen. Eine vom Meerwind getragene Landschaft, der nur noch die Grüns fehlten.

Das musste sich auch die Investorengruppe um Mark McCormacks Imperium gedacht haben, als sie das uralte Gelände, auf dem die Spuren der Druiden und des frühen Christentums noch nicht verwischt sind, zum Golf-Leben erweckte und Bernhard Langer als Architekten

aufs Schild hob. Das vielfältig verströmende Areal, über mehrere Generationen im Besitz der Whiskey-Dynastie von Jameson, weckt große Erinnerungen und gibt neue Einblicke.

Ein Vorkoster des besten Hausprodukts, des Single Malt von 1972, würde die Runde etwa so beschreiben: »Betörendes Produkt mit vielschichtiger Struktur, zupackend und griffig, mit wuchtigem Rückgrat und langem, köstlichen Finale.« Bernhard Langer, der als Architekt immer dann glänzt, wenn man ihm Stan Eby vom European Golf Design zur Seite stellt – wie man überhaupt nicht annehmen sollte, dass die hoch bezahlten Stars neben ihrem Namen viel mehr als Vorschläge oder rudimentäre Vorstudien beisteuern –, hat dem Ton des Bodens nachge-

Auf den besten Abschnitten wie hier am 8. Loch wirkt alles wie zufällig entstanden und regellos gewachsen. Die Kargheit der Bühne steigert noch die Wahrnehmung.

horcht. Er wählte jeden Abschnitt mit Bedacht, lässt kein Füllmaterial wie künstliches Gewässer zu, kennt Pausen und Steigerungen und hat sich ganz klassisch inspirieren lassen.

Der Runde mag die Suggestion, die vom berühmten Nachbarn ausgeht und mit der sie sich wiederholt die Schulter reibt, fehlen, aber Portmarnock New wirkt wie ein altes Meistergemälde, das man soeben frisch restauriert hat. Die Exposition gestaltet sich zunächst gemächlich. Und dazu passt, dass der Eröffnungsdrive leicht auf dem überwucherten Friedhof mitsamt Klosterruine des St. Marnock Monastry landen kann, die der Heilige im 12. Jahrhundert vor seiner Überfahrt nach England gründete. Aber wer auf dem flachen, wie ein Waschbrett geriffelten Turf unterwegs ist, wird bald der facettenreichen Stimmung erliegen:

dem mustergültigen Rasenfeld, Grüns, die keineswegs »postmodern«, wohl aber berückend undogmatisch gezeichnet wurden, und Bunkern, die um Aufmerksamkeit buhlen. Alles wirkt wie zufällig entstanden und regellos gewachsen. Fabelhaft auch der Einfall, die Löcherlegenden auf Steine zu meißeln, ganz dem Schrifttum der Druiden gehorchend, denen beschriftete Steine »Zeugnisse der Seele« bedeuteten.

Mit ihnen und dem wiederkehrenden Applaus der angrenzenden See beschäftigt, wird der Akteur nach dem Abschlag am 8. überrascht, wenn das Fairway plötzlich einen Haken nach links mitten in den Strandhafer schlägt. Nunmehr gelingt es, Intimität in den Koloss zu bringen, vor allem aber auch eine melancholische Verlassenheit, die, nur zehn Kilometer vom Dubliner Airport entfernt, nicht ohne weiteres vorhersehbar war.

Nicht überall konnten die originalen Konturen so vollkommen ausgenutzt werden wie an diesem kurzen Par 4. Wie lang gezogene Wellen treiben die Dünen gegen das Gelände, wölben Kuppeln mit seitlichen Muskelsträngen, heben zitternde Räume, die in den grünen Strand kippen. Dem küstentypischen Weichbild ordnet sich auch das nachfolgende Par 3 gänzlich unter. Zwischen Abschlag und hoch aufgetürmtem Grün gerät alles außer Fassung und Erinnerungen an das 15. des Old Courses werden wach. Erfolg oder Desaster liegen nur Zentimeter auseinander – wie auch beim Approach zum geduckten 12. Grün hin.

Der Puls von Portmarnock beruhigt sich nach dem delikaten kurzen 13., findet aber mit dem abenteuerlich geschnittenen und von Bunkern riegelhaft besetzten 15. Grün zum Herzstück der Dünen zurück. Das 16. setzt das Signal für ein erregendes Finale. Gut 150 Meter sind Carry zu überwinden, um den Graben zu klären, während uns am 17. ein dramatisch langes Par 3 bergan erwartet.

Die Dünenwelt gibt letztmalig und noch einmal auftrumpfend am 18. Geleitschutz. Wie in einem Amphitheater verhallt dieser Schlussakkord vor der Kulisse des gleichfalls brandneuen Hotels, in dem die Gemäuer des Stammsitzes der Jamesons integriert wurden.

Wäre Prinz Charles ein ebenso begeisterter Golfer wie sein Bruder Andrew, könnte er Bekanntschaft machen mit einer ihm nicht gerade fremden Attitüde des Hauses Windsor: Sein Urgroßvater, Edward VII., der den Stehkragen abschaffen wollte, um bequemer Golf spielen zu können, pflegte hier regelmäßig mit seiner Mätresse Alice Keppel einzukehren. Mrs. Keppel, muss man wissen, ist die Ururgroßmutter einer gewissen Camilla Parker-Bowles, die, so Lady Diana, Princess of Wales, in ihrem berühmten BBC-Interview, ihre »Ehe ein wenig eng machte«.

Manchmal schließt sich auch so der Reigen auf einem Golfplatz.

Ein brandneues Layout, auf dem jedoch die Zeitlosigkeit der Erde vibriert.

Noble Nüchternheit

Royal Dublin Golf Club

Nicht jeder Meisterschaftsplatz in einer Landeshauptstadt – schon gar nicht ein königlicher – lässt sich mit wenigen Busstationen vom Zentrum aus erreichen. Um das 1. Tee von Royal Dublin betreten zu können, bedarf es nicht mehr als einen aufwärmenden Fußmarsch von der geschäftigen O'Conell Street aus. Hat man dann die holprige Holzbrücke, die das Festland mit der vorgelagerten North Bull Island verbindet, überquert, scheint man Lichtjahre von der Innenstadt entfernt zu sein. Dollymount heißt der Flecken, wo sich die 18 Löcher ausbreiten.

Es ist ein ausgewiesenes Schutzgebiet für Hasen und aussterbende Vogelarten. Aber man braucht nicht Jäger oder Ornithologe zu sein, um die Gegend zu schätzen. Auch für den Golfer ist diese stadtnahe Abgeschiedenheit ein Eldorado und lehrt ihn angesichts des überaus regen Kleintierbestandes überdies, dass Golf und Wildlife durchaus eine störungsfreie Koexistenz eingehen können. Der zweitälteste Verein Irlands – der älteste der Republik – konnte sich bereits fünf Jahre nach seiner Gründung 1885 mit dem begehrten Titel »Royal«, den Queen Victoria verlieh, schmücken. Mit dieser Auszeichnung geht indes keineswegs eine Verfärbung der Fairways von Grün in Purpurrot einher. Obwohl die Halbinsel Howth im Vordergrund und die Hausberge der Wicklow Mountains im südlichen Hintergrund für einen schönen optischen Rahmen sorgen, geht von Dollymount zunächst ein wenig animierender Reiz aus.

So ein Links ist gewöhnungsbedürftig. Viele sehen in ihm ein humpelndes, ausgeweidetes Wesen, einen Rohbau, der auf alle Handwerker wartet und den Gärtner dazu. Ein Schluckauf der Natur, lang und bloß liegend wie ein anatomisches Präparat, mehr nicht. Man muss ein wenig sein Inneres trainieren, gleichsam seine eigene Toskana mit sich führen, um zu erkennen, welches Potential in seinen Fundamenten steckt. Schnelle Gewissheiten sind aus dem deckungslosen Fossil nicht zu ködern. Offenbar liegt der Ertrag eines Links im Verborgenen.

Auch Royal Dublin erfordert die Empfindlichkeit des Erlebens und Sehens. Eng verpackt, frei von prätentiösen Effekten, aber in klassischer Manier, führen die ersten neun Löcher zum äußersten Punkt des Platzes, um in umgekehrter Richtung wieder zum Clubhaus zurückzukehren. Dass die zweiten neun fast 800 Meter länger sind als die Löcher »out«, mag man in den Maßstäben neuerer Golfplatzarchitektur als unausgewogen empfinden. Gleichwohl entspricht es dem historischen Links-Verständnis, das Land ohne große Eingriffe so zu verwenden, wie man es vorfindet.

Das 3. Loch mit dem irreführenden Namen »Alps« darf nicht darüber hinwegtäuschen, dass die Erhebungen linker Hand des Fairways nicht höher sind als der Schaum auf dem Bierglas nach Abschluss der Partie.

Nur am 9. Loch, einem Par 3, wird man in den Genuss kommen, den Abschlag von erhöhter

Position in Richtung Fahne zu schlagen. Mit unterstützendem Rückenwind ist es geradezu Pflicht, die erste Hälfte der Runde entlang der Küstenlinie zum Aufbau eines guten Scores zu nützen.

Solange die Brise einem nicht ins Gesicht schlägt, bietet das 8. Loch als einziges Par 5 des ersten Durchgangs die reellste Birdie-Chance. Vor dem Ziel aber klafft der tiefe Bunker rechts. Zwölf Stufen habe ich gezählt, um mittels einer eingefassten Leiter auf seinen Grund zu kommen.

Fabelhaft auf der »Home«-Strecke das lange 11. mit seinem neu gestalteten, wellenförmig ansteigenden Grün. Vorher muss der Drive die äußerste linke Zone des Fairways ansteuern, da

sich der als Ausgrenze markierte kleine Kanal entlang der rechten Seite gefahrvoll in das Spielgeschehen einmischt. Das Loch ist dem Architekten gewidmet.

Harry Colt, der meisterhafte Spuren auch auf dem Kontinent hinterlassen hat, ist für das Layout verantwortlich. Gleich nach dem Ersten Weltkrieg wurde er engagiert, um den Platz, der während der Kriegsjahre als Militärbasis herhalten musste, zu restaurieren.

Angewiesen, sich an die alten Pläne zu halten, blieb dem genialen Tüftler wenig Entfaltungsspielraum. Aber das schöne, in einer Senke eingefasste 13. Grün verrät unmissverständlich seine Handschrift.

Wer im rechten Bunker des 5. Grüns strandet, muss zunächst einmal elf Stufen die ausgedienten Bahnschwellen – »Sleepers« – hinabsteigen, um die Schlagposition einzunehmen.

schaft gewonnen, jedoch in seinem Leben so viele Birdies gespielt, dass in Irland heute noch ein so abgeschlossenes Loch als »Dyke« bezeichnet wird.

Völlig unberechtigt ist die Vorfreude, das nur 245 Meter lange 16. sei eine sichere »Dyke«-Beute. Gewiss kann derjenige, der stark und selbstbewusst in seinen Spikes steht, das Grün driven. Aber der Crossbunker in seinem Eingangsbereich, der wiederum treppentiefe Bunker linker Hand, vor allem jedoch das nach vorn und beidseitig abfallende Grün selbst können jede Rechnung durchkreuzen.

Dollymounts Vorzeigeloch ist freilich das 18., genannt »The Garden«. Das recht lange Par 4 führt als Dogleg rechter Hand auf das Clubhaus zu. Dem Loch können Sie gut 100 Meter abknüpfen, wenn Sie den Drive kurz vor den Wassergraben platzieren, um dann die Abkürzung über die Ausgrenze zu wählen. Kein unbedingt klassisches Loch, aber ein herausforderndes Finish, wenn das Match auf Messers Schneide steht.

So geradlinig der Platz, so verwirrend verwinkelt das Clubhaus. Es wurde in den frühen Tagen der Vereinsgeschichte nicht nur von Schmugglern aufgesucht, sondern auch von Mitgliedern, die sich dem Verbot, sonntags zu spielen, nicht beugen wollten. War die Vordertüre geschlossen, nutzten sie einen der verschwiegenen Hintereingänge, um sich, gleichsam in Konspiration mit dem Wirt, verpflegen zu lassen.

Royal Dublin hat noch selten jemanden enttäuscht. Auch die Damen nicht, die hier zwar kein Mitgliedsrecht haben, aber dennoch auf ermäßigter Greenfee-Basis spielen können. Kürzlich hat man sogar die Anzahl ihrer Toiletten verdoppelt: von eine auf zwei. Eine triumphale Merkwürdigkeit.

Countryside und Kapitale, dieses Duell hat Royal Dublin mit Grün und Sand für sich entschieden. Unten das 12., leicht angehobene Grün, das jede Abweichung bestraft.

Wenige Meter entfernt steht das steinerne Cottage »Curley's Yard«. Wenn die Renovierungsarbeiten abgeschlossen sind, wird es zu einem Museum umgebaut sein. Royal Dublin wird dann über eine weitere Kuriosität verfügen. In diesem Haus, so erfährt man, lebte Dyke Moran. Er war Caddie und später Professional des Clubs. Er hat keine bedeutende Meister-

Zwischen den Gezeiten

THE ISLAND GOLF CLUB

Wer vom robusten Zugriff Portmarnocks genesen muss oder wem Royal Dublins Charme bei der ersten Begegnung verborgen blieb, für den ist »The Island« ein Labsal. Nicht auf jedem Links lässt sich die Aura romantischen Gepräges sofort einfangen. »The Island« hingegen, wie ein Puzzlestück in die schmale Halbinsel des Broadmeadow Estates hineingewoben, ist ein durch und durch idyllischer Flecken.

Das intime Terrain des Broadmeadow mag vom mythisch-antiken Fluss Styx, auf dem die Seelen der Griechen ihre letzte Reise antraten, weit entfernt sein. Indes, beide Namen haben sich im Laufe der Geschichte den Ruf erworben, für einen reibungslosen und präzisen Bootsverkehr zu sorgen, freilich mit unterschiedlichen Zielen: Während Charon, ein Angestellter der Hölle, die armen Seelen in die Unterwelt hinüberruderte, beförderte die Familie des Vincie O'Brian ein knappes Jahrhundert lang tatendurstige Golfer vom Festland auf »The Island«.

Charon und die O'Brians müssen daher als die prominentesten Vertreter ihrer Zunft gelten. Während die Passagiere der Antike niemals wieder zurückkehrten, ist es schwer vorstellbar, die Sehnsucht nach »The Island« jemals aufzugeben. Für Liebhaber traditioneller Küstenplätze kann es nichts Schöneres geben, als abseits der offiziell verordneten Route einen old-fashioned Links mit all seinen Zutaten aufzuspüren: bergige Dünen, Ginster, Potbunker, blinde Schläge und weit reichende Fernblicke.

Wie man es von irischer Logik erwarten kann, liegt der Platz keineswegs auf einer Insel, sondern auf einer Landzunge im Meer, für die eine jahrtausendealte Sanderosion verantwortlich ist. Eine Möwe und der Fährmann in seinem Boot schmücken das Wappen des Clubs, der 1990 sein 100jähriges Bestehen feierte. Zu diesem Anlass schenkte man sich sieben neue Löcher, die in das originäre Gelände integriert werden konnten. Ihre natürliche Gestaltung verleiht ihnen den Charakter alter Zugehörigkeit. Die Überlegung, damit dem Platz einige blinde Stellen zu nehmen und ihn auf ein ordentliches Meisterschaftsniveau zu verlängern, hat der ohnehin schon hoch geschätzten Anlage nochmals gut getan. Mit den neuen, die Dünen diagonal durchschneidenden Löchern 1 und 18 kann nunmehr auch die bisher vernachlässigte Ost-West-Tangente in das Spielgeschehen eingreifen. Wer den Platz von früher her kennt, wird zu seiner Freude feststellen, dass Vorzeigelöcher wie »The Andes«, »Old Clubhouse«, »Bowl« und »Broadmeadow« den Umbau unangetastet überstanden haben.

Letzteres gilt als eines der besten Par 3 der Insel. Weht die Brise von der See her über die Klippen, ist der spitze Kirchturm von Malahide im Hintergrund der Zielpunkt. An solchen Tagen muss man couragiert die Spielrichtung jenseits der Küstenlinie verlegen, um das fast 200 Meter entfernte, hoch gelegene Grün zu treffen.

Ein Sammlerstück besonderer Art ist auch das 14. Loch, »Old Clubhouse«. Das kurze Par 4 verfügt nicht nur über das schmalste Fairway, das Ihnen je begegnen wird. Es ist auch das einzige mir bekannte Loch, auf dem der Abschlag breiter ist als die gesamte Spielbahn. Dünn wie eine Thristle, die Blechflöte, die in keinem Singing-pub fehlt. Der Name verrät es: Hier stand ursprünglich das Clubhaus. Unweit sind Überreste der alten Anlegestelle zu sehen. Wer die alte Glocke bedient, deren Klang die Ruderfähre in Bewegung setzte, wird vergeblich warten. Die O'Brians befinden sich im Ruhestand.

Wie eine vergessene Kricketkugel liegt das kleine Grün des 16. in einer Senke. Der delikate Abschlag am Loch »The Andes« muss die Flanke einer Düne passieren, die zum Namen dieses kurzen Par 3 beigetragen hat.

Die Strecke nach der Wende mag länger und möglicherweise auch schwieriger sein. Der charmanteste Part der Runde spielt sich jedoch auf der ersten Hälfte zwischen den Löchern 4 und 9 ab. Eine feine Mixtur aus langen und kurzen Bahnen windet sich durch verwegenes Dünenland, das klassische Tuch, aus dem große Plätze gewebt werden. Die an der Ostküste eher sanften Sanderhebungen proben ausgerechnet hier, der Bannmeile der Metropole gerade entronnen, einen mächtigen Aufstand.

Lediglich im Bereich des 10. verflacht das Gelände, was vergessen ist, wenn das 12. Loch erreicht ist: Nach dem Drive in eine Kuhle wird Ihnen möglicherweise der delikateste Approach zum riffartig aufgebauten Grün abverlangt. »Valhalla« wird das Tal genannt, das zu diesem Zwecke überflogen werden muss. Einer skandinavischen Mythologie zufolge sollen sich in dieser abweisenden Senke die Seelen verdienter Kriegsheroen für die Ewigkeit versammelt haben.

Nur das Geschrei der Möwen mischt sich in die Einsamkeit, die dem Golfer, gleichsam als Zugabe, noch herrliche Ausblicke auf Lambay Island bietet. Obgleich man sich seiner Tradition bewusst ist, herrscht im Clubhaus eine sprühende, willkommen heißende Atmosphäre. Das war

nicht immer so. »The Island« ist, wie man unter der Hand erfährt, von einem Junggesellensyndikat gegründet worden, denen sonntags das Betreten von Royal Dublin verboten war.

Verheiratete Mitglieder hatten ebenso wie Frauen keinen Zutritt. Erst vor etwa 50 Jahren entschloss man sich, diese Barrieren abzubauen, und zum 100jährigen Jubiläum wurde der Club mit der Austragung der Irischen Damenmeisterschaft belohnt. Man sieht, wie sich trotz aller Wertschätzung für die Vergangenheit alles noch zum Besseren wandeln kann.

Liebschaften mit der Liffey

KILDARE HOTEL & COUNTRY CLUB

Kildare Country Club, Arnold Palmers zweiter Paukenschlag als Architekt auf der Insel. Während er an Kerrys zerklüfteter Westküste mit einem Terrain arbeiten konnte, das wegen seiner dramatischen Vermählung von Land und Meer der herkömmlichen Erdkunde entronnen zu sein schien, stieß er in Kildare auf das Kontrastprogramm der irischen Midlands. Es ist eine Gegend der glücklichen Mitte.

Die Liffey gönnt sich auf dem Weg ins Zentrum der Hauptstadt noch eine pastorale Verschnaufpause, begleitet die gesamte 7. Bahn und ist auch noch für ein Inselgrün verantwortlich.

Sie drängt sich nicht sogleich in den Vordergrund, will auch nicht auf Anhieb bewundert werden, sie hält sich zurück hinter Hecken und Hügeln, wartet ab, entdeckt zu werden. In diesem pastoralen Gefilde, wo der Weißdorn wie Unkraut wuchert, können die Pferde des berühmten irischen Nationalgestüts in Ruhe trainiert werden. Hier, wo die Wolken mehr Zeit zu haben scheinen, gedeiht der schönste japanische Garten außerhalb Japans. Freilich, für Golfer war die Grafschaft Kildare ein Stück Diaspora. Eine tiefgreifende Veränderung ist festzustellen, seitdem mit dem Kildare Country Club das kühnste und mit nahezu 100 Mio. Mark teuerste Golfprojekt der Insel im Sommer 1991 gleich von zwei Priestern eingeweiht wurde. Ein Gottesacker ist daraus nicht geworden, sondern eine extravagante Herausforderung über 6500 Meter auf 350 Hektar Grund. In seiner Mitte thront das elegante Straffan House, dessen Gemäuer schon vor 1500 Jahren den Vorfahren der Könige von Leinster als Herberge diente.

Wer unvorbereitet vorbeikommt, glaubt, die falsche Sportausrüstung dabeizuhaben: Ein Schlauchboot wäre passender als die Golftasche. 14 Seen verteilen sich gleichmäßig über den Platz. Dublins berühmter Fluss, die Liffey, dreht hier manche fischreiche Ehrenrunde und bleibt dem Akteur unerbittlich auf den Fersen. Insbesondere im südlichen Teil des Areals hinterlässt sie eine bälleverschlingende Spur.

Die Runde entpuppt sich als hindernisreiche Rallye durch einen exemplarischen Landschaftsgarten mit altem Baumbestand sowie einem über die Jahrhunderte geschulten Ästhetizismus, der jedem Strauch eine harmonische Bedeutung zuweist. Wer hier, wie Palmer selbst in seinen besten Tagen, aggressiv zu Werke geht, trifft buchstäblich ins Leere. Als Lotse im tückischen Gewässer muss der Akteur behutsam agieren.

Der Blickwinkel von den hinteren Abschlägen erweckt ein Gefühl zwischen Verzückung und Verzweiflung. Gleich das 1. Loch verlangt zwei lange, präzise Hölzer, um den Bunkerbarrieren zu entgehen. Platztypisch sodann das sockelartig aufgebaute Grün, dessen großzügige Konturen vielfältige Fahnenpositionen zulassen.

Höhepunkt des ersten Durchgangs ist zweifellos Loch 7, »Inish More« getauft. Mit 553 Meter Länge ist es die längste Bahn des Platzes und als doppeltes Dogleg konzipiert. Der mächtige Bunkerkrater, der das Fairway im Drivebereich teilt, eröffnet die Option, entweder den kürzeren, aber gefahrvolleren Weg rechts einzuschlagen oder den sicheren Umweg über die linke Seite zu nehmen. Nach einem weiteren Fairwayholz – oder vielleicht auch zweien – folgt die delikate Annäherung über die Liffey

zum Grün, das optisch reizvoll als Insel im Fluss eingebettet ist. »Anna Liria« ist auch der Störenfried für die gesamte Strecke des 8. Loches. Vorher hat man hoffentlich den poetischen Parkspaziergang, der beide Löcher verbindet und eine Holzbrücke aus dem frühen 19. Jahrhundert mit einschließt, genossen. Ein kleiner, pittoresker Rausch.

Auf den an Höhepunkten reichen »Home«-Löchern ragt das 13. als klassische Kreation heraus. »Arnold's Pick« mit seiner formidablen Serie von Crossbunkern und dem See rechter Hand ist nichts für Hasenherzen und wird manchen mit seinem kurvenreichen Fairwayverlauf überfordern. Wer meint, danach über den Berg zu sein, sieht sich getäuscht. Der Fluss hat sich zwar für die Schlusspartie ein besonders ansehnliches Kostüm zurechtgelegt, entpuppt sich aber aus der Nähe als gefahrvolles Element.

Irische Countryside vom Feinsten am Rande der Metropole – auch das ist The K-Club.

29

Besonders das lange Par 4 am 16., wo es mehr Wasser als Gras gibt, muss defensiv angegangen werden. Ben Hogan hat über das vergleichbare 11. Loch in Augusta gesagt, er habe den Ball verzogen, falls er mit dem zweiten Schlag auf dem Grün liege. Damit wollte er zu verstehen geben, dass es darauf ankommt vorzulegen, um mit Pitch und Putt das Par zu stehlen. Wer »keinen Schnee im Torffeuer rösten will«, wie die Iren eine Torheit umschreiben, verhält sich hier ebenso.

Wie beim 16. ist auch der Zugang zum 17. Grün eine eher maritime Affäre, während das 18., »Hooker's Graveyard«, die Gefahr bereits auf der Scorekarte ankündigt.

Angesichts des eleganten Clubhauses, das sich den Namen des berühmten Stallhengstes »Byerley Turk« ans Revers geheftet hat, kommen Stimmen auf, die den Gesamtkomplex nicht mehr für typisch irisch halten und von einer »Amerikanisierung« sprechen. Dabei wird übersehen, dass Kildare Country Club im Unterschied zu vergleichbar aufwendigen Projekten in Amerika keine Spielwiese für Privilegierte ist, sondern jedermann offen steht.

Vor allem die Landschaft ist irisch: ein Netz von Sichtschneisen, die wohltuende Mischung aus stehendem und fließendem Wasser, der Aufstand der Farben, den eine verschwenderische Vegetation anzettelt.

Irlands berühmte Ballade »Forty Shades of Greens« klingt angesichts Straffans wie eine Untertreibung. Wer einmal wie die Könige von Leinster oder wenigstens wie ein gewöhnlicher Lord leben will, sollte sich Zeit für Straffan House nehmen, obwohl das Beste seinen Preis hat. Wen die Kosten irritieren, sollte sich für den Ryder Cup 2005 qualifizieren, der dann hier Einzug halten wird.

Am 16. sind die Anlehnungen an das 11. Loch von Augusta nicht Arnolds Lieblings-Hole unverkennbar. Wer vorsichtig zu Werke geht, legt vor und vertraut seinem Wedge.

Im Garten Irlands

DRUIDS GLEN GOLF CLUB

Der Kelch des Kleeblatts schien gefüllt, als kurz hintereinander Mount Juliet und Kildare Country Club die grüne Bühne betraten und zu Killarney als bisher besten Inland-Platz aufschlossen. Dennoch, die Nomination von Druids Glen für die Austragung der »Irish Open« 1996 nur neun Monate nach Fertigstellung wurde als neues, richtungsweisendes Signal empfunden.

Gewöhnlich steckt hinter einer derartigen Blitzkarriere gutes Management und noch mehr Geld. Aber für Druids Glen kann der Platzwert als zwingendes Argument herhalten.

Die Grafschaft Wicklow darf sich zu Recht als Garten Irlands bezeichnen, in dem sich manch freundlicher Ort flugs in ein farbiges Elysium verwandelt. Der Club hat sich für seine Löcher das Filetstück der ehemaligen Domäne des Earl of Aldberough herausgerissen. Bereits der erste Drive in den »Wiesen der Wickinger« zielt hinaus in einen Raum von reiner Ruhe und heiterer Harmonie. Und bald ist man auch einem Blütenbrand ausgesetzt. Natur im Brautkleid.

Eine Runde, die so geschlossen und verfugt, so bindend und lösend wie selten verstreicht. In seiner Ordnung gerät jedes Loch zu einem Ereignis und man kann Blicke mit Bildern verwechseln. Dennoch wäre es bei einer kurzatmigen Exposition geblieben, wenn der Partie nicht auch eine spezifische Dramaturgie entsprochen hätte. Wie Magier haben Pat Ruddy und Tom Craddock das Layout entworfen und ihren Erfindungsdrang auf Hochtouren gebracht. In der hüge-

ligen, pastoralen Weite der Eröffnungssequenz überraschen das Par 3 am 2. Loch, dessen Teeshot den Grünangriff auf das berüchtigte »Road Hole« in St. Andrews nachempfindet, sowie das schwungvoll ansteigende 6., das ganz dem Ton der Topographie gehorcht. Am Ende des ersten Drittels gibt es dann, völlig unerwartet, den Gratisblick auf die Irische See, der, wenn es das Wetter zulässt, erst an der Küste von Wales haften bleibt. Aber ab dem 8. Loch, das Erinnerung an das 10. von Augusta National wachruft, bekommt die Runde buchstäblich Farbe. Nun wird der Akteur über Teiche und Wasserkaskaden gleichsam hinweggespült in eine vielfältig proportionierte Spielfolge. Der Landschaftsgarten breitet seine Flügel aus und wendet sein buntes Profil nach allen Seiten.

Der Wind zwirbelt die grüne Folie und fast übersieht man, wie klug die Bunker gesetzt und wie zurückhaltend die pfeilschnellen Grüns komponiert wurden. Gewiss, zwischen dem 8. und 13. Loch lässt der Platz keine restaurative Gebärde aus und manchmal scheint es, als habe das Architektenduo zu viele Einfälle aufs Gras gepackt.

Aber das kurze 12., vom hoch gelegenen Abschlag über den Teich hinweg abwärts zum schief geneigten Grün vor der ganzjährig blühenden Steilwand mit Resten eines Altars der Druiden im Hintergrund, wird man ebenso wenig vergessen wie das darauf folgende Par 4, eine Art hängender Garten Semiramis': Der Abschlag

katapultiert fast lotrecht in die Tiefe. Den Links-schwung des Fairways beschatten jahrhunderte-alte Bäume. Ein Fluss, der schon die Löcher 8., 9. und 12. geneckt hat, begleitet das Geschehen bis zum Grün, wo er linker Hand zu einem Teich gerinnt. Zweifellos ein Loch, das Emotionen aus-löst, taktisch jedoch zu defensivem Verhalten zwingt.

Mit deutlich gemäßigterem Tempo flutet die Runde, der die Erhebung des Sugarloaf Moun-tain über die Schulter schaut, nach Norden zu. Aber dann, am 17., packt den Akteur ein finales Schaudern: Das Inselgrün liegt mitten im See und vom hinteren Abschlag sind maßlose 185 Meter im Flug zu nehmen. Die Brücke, an der die Puttfläche angedockt ist, wurde so niedrig an-gebracht, dass der Beobachter den Eindruck

gewinnt, die Spieler glitten über das Wasser zur Fahne. Wer will, kann eine Linie entdecken, auf der sich reale und surreale Welt ineinander stre-bend treffen. In jedem Fall eine würzige Wen-dung mit ungeheurer Wirkung.

Pointiert und stilsicher erreicht die Runde ihr Schlussgrün, im Frontbereich verriegelt durch drei Teiche.

Woodstock House, ein Gebäude aus dem 18. Jahrhundert und groß genug, gleich zwei Bischöfen als Amtssitz zu dienen, lässt den Kon-tinentalbesucher erstarren. Jetzt dient es als Clubhaus, und wer auf die Terrasse tritt, hat die See vor Augen und bewaldete Berge im Rücken.

Dann wird Druids Glen zu einer märchen-haften Drehbühne Irlands und klingt ein wenig nach Dornröschen.

Virtuos und über-mütig in Szene ge-setzt: der Approach-Bereich des 18. Loches, überwacht von Woodstock House, dem Gipfel der Eleganz.

Auf Licht gebaut

THE EUROPEAN CLUB

Die Fülle von Premieren auf Irlands grüner Bühne darf nicht darüber hinwegtäuschen, dass der Aufzug neuer, seenaher Plätze nach wie vor eine Rarität ist.

Ein halbes Jahrhundert und mehr bildeten Plätze wie Ballybunion, Lahinch, Portmarnock oder County Down das klassische, maritime Ensemble. Ihre unnachahmliche Rezeptur, die für eine zuverlässige Tiefenwirkung sorgte, schien wie die Herstellung reinsten Poteens, Irlands legendären, illegalen Feuerwassers, unweigerlich festgelegt. Mehr noch, jeder Versuch, mit neueren, weniger erprobten Mixturen auf den Markt zu kommen, wurde vom Verdacht des Etikettenschwindels und der Panscherei begleitet.

Mit Eröffnung des European Clubs im Sommer 1993 galt dieses Muster nicht mehr. Das auf Anhieb erfolgreiche Konzept hat bereits viele Nachahmer ermuntert und insbesondere der südlichen Kleeblattküste einen Reigen neuer Anlagen beschert.

The European Club ist wie eine erstarrte Welle nahtlos mit der Brittas Bay verwoben, eine Kulisse vogelleichter, auftrumpfender Sicherheit. Die Linie kühn geschwungener Dünen im Weichbild der malerischen Bucht verheißt einen Vorgeschmack auf das, was der Tag noch bringen soll. Der einladende Eindruck wird bestätigt, wenn die ersten drei der Arklow Bay zugewandten Löcher absolviert sind. Ungezügelte Dünenkämme wechseln mit offenem, vegetationsreichem Marschland. Der auf den ersten Blick verblüffende, kongeniale Grundriss hat eine plausible Ordnung: Für die Abschläge wurden natürliche Erhöhungen, für die Grüns, wann immer möglich, vorgegebene Nischen zwischen ausrollenden Schilfkuppen gewählt. Diese prätentiöse Einfachheit ermöglicht es, 14 Löcher vom Tee bis zum Grün hin einzusehen.

Nicht weniger als elf Abschläge liegen oberhalb der Drivezone und ermutigen dazu, die Schulter weiter zu öffnen. Schon immer galt der Abschlag aus erhöhter Position als willkommenes Beruhigungsmittel. Angelehnt an klassische Layouts verfügt der Rundgang nur über zwei Par 5. Diese Reduzierung der langen Löcher gewährleistet eine einsehbare Spieltaktik selbst auf turbulentem Turf und erspart dem Akteur manch blinde Schläge.

Auf der anderen Seite dominieren 13 Par-4-Löcher und zwingen mehr als üblich, auf das Fairwayholz zurückzugreifen. Feine Details sorgen für Abwechslung – der kleine Teich etwa links nach dem Drivebereich des 1. Loches. Er irritiert nicht nur den zweiten Schlag, sondern versorgt auch die umstehenden Bäume und den regen Wildbestand auf dem Platz. Am langen Par 5 des 13. zwingt eine Kette von vier Potbunkern linker Hand den Spieler, seinen Ball möglichst nahe am parallel verlaufenden Strand zu halten. Ebenso wie der mächtige Crossbunker am 11. fordern die wie willkürlich eingestreuten Weißdornbüsche auf dem 17. Fairway vom Spieler einfühlsame Entscheidungen.

Als Beispiel für die gelungene Gesamtkonzeption muss das 7. Loch genannt werden: Ein kleiner Fluss begleitet die rechte Spielbahn vom Tee zum Grün hin aufreizend. Niemand will damit etwas zu tun haben. Unterdessen greift der Grashügel im linken Frontbereich als täuschende Komponente ins Spielgeschehen ein. Dem Spieler wird ein engeres Fairway vorgegaukelt und das feuchte Schilfrohrfeld im Hintergrund scheint haargenau im guten Drivebereich zu liegen. Tatsächlich befindet sich das Hindernis gut 250 Meter entfernt und damit jenseits der Gefahr. Der visuelle Ertrag mag auf der Strecke zwischen dem 12. und 15. Loch liegen, wo die Runde entlang der Irischen See auf die Steilküste des Mizan Heads zusteuert und die bewaldeten Berge der Wicklow Mountains im Hintergrund für ein ansehnliches Kontrastprogramm sorgen.

Die platztechnische Steigerung behält sich die Runde jedoch für die beiden Schlusslöcher auf. Das 17. scheint den besten Exemplaren von Royal County Down entrissen zu sein. Eingebettet in zerklüftete Seitenkämme und in der verschwenderischen Ginster- und Farnvegetation fast ertrinkend strebt die Spielbahn, völlig isoliert gelegen, der Wicklow Bay zu.

Dramatisch auch das 18., mit einem unerwarteten Schock in Form eines riesigen Teiches vor der linken Grünseite, der erst spät in den Sichtbereich kommt. Für traditionelle Anhänger des Links mag dieses künstliche Wasserhindernis einem stilistischen Ehebruch gleichkommen. Gleichwohl erzeugt diese vom Architekten bewusst gewollte Provokation ein spannendes Finale.

Im Clubemblem ruht ein moderner Golfball auf einem alten Dolmen. Damit soll wohl die Verbindung der Vergangenheit mit der Gegenwart unterstrichen werden. Hier, in den Wiesen der Wikinger, wie die Übertragung aus dem Gälischen lautet, gehen moderne Elemente der Platzarchitektur mit dem Zauber der Ursprünge eine zwanglose Verbindung ein. Mehr lässt sich schwerlich erreichen.

Obwohl neueren Datums, stimmt »The European« durch seine dramaturgische Konsequenz mühelos auf eine scheinbar längst vergangene Epoche ein – hier das 8. Loch.

Sprungbrett für die Seele

COUNTY LOUTH GOLF CLUB

Es sind nicht die arrangierten Ereignisse, die den Ausflug entlang der Ostküste im Weichbild Dublins so lohnenswert machen.

Wer sich den Blick für Überraschendes bewahrt hat und das Aufstöbern weithin unbekannter Preziosen als beglückenden Fund empfindet, muss in der Fischerortschaft Drogheda Station machen. An ihrer südlichen Peripherie pflegt der County Louth Golf Club genussvoll die Isolation eines Eremiten, der nicht daran denkt, sich aufzudrängen.

Obwohl der Club seit 1941 die prestigeträchtige Amateurmeisterschaft »East of Ireland« auf seiner Anlage austrägt und seit Jahren zu den besten 50 Plätzen innerhalb der Britischen Inseln gehört, ist er auf rätselhafte Weise dem touristischen Ansturm bisher entkommen.

Nicht immer gelingt es, mit der scheinbar dekorarmen Sachlichkeit küstennaher Plätze sogleich Brüderschaft zu schließen. Für County Louth hingegen muss man keine Häutung durchmachen. Mit wellig gekneteten, nicht allzu engen Fairways, den Farbakkorden aus Moos und Heide, dazu das schimmernde Silber weich gekämmter Dünen, ist er für den Könner eine Herausforderung, flößt aber auch dem weniger Geübten keine Furcht ein. Wer ihn begleitet, verliert seine Hast.

Ein Schotte mit dem schönen Namen Snowball war zunächst für die Gestaltung des Platzes verantwortlich. Aber erst die Veränderungen, die Tom Simpson in den späten dreißiger Jahren einflocht, verschafften dem Club seine heutige Reputation. Seine geniale Handschrift bleibt immer sichtbar, insbesondere auf dem Abschnitt Loch 11 bis 17, wo die Runde in das Herz der Dünen stößt.

Der beste britische Architekt seiner Zeit, der es nicht zuließ, dass nur zwei Grüns eine annähernd gleiche Gestalt bekämen, war bei seiner Tätigkeit in County Louth auf dem Höhepunkt seines Schaffens und durch Kreationen wie Sunningdale, Muirfield und Ballybunion bereits berühmt. Gewöhnlich wurden Golfarchitekten damals noch jämmerlich entlohnt, aber Simpson konnte es sich leisten, vom Chauffeur im Rolls-Royce an die Bucht von Baltray gefahren zu werden.

Das gegenwärtige Layout fordert den Akteur gleich zu Beginn mit den beiden längsten Par 4 und einem auch nicht gerade kurzen Par 5. Es lohnt sich also, County Louth gut aufgewärmt zu betreten.

Speziell das bunkerlose 3. ist gespickt mit natürlichen Köstlichkeiten, darunter auch einer hohen Sandbank, die das schmale Grün für den zweiten Schlag uneinsehbar werden lässt. Ähnlich schwer wird einem das Leben auch am 5. Grün, das fabelhaft zwischen kleineren Hügeln eingebettet ist, gemacht.

Trotzdem bietet die Runde ausreichend Möglichkeit, den vorgestellten Score nach Hause zu bringen. Insbesondere die fünf Par-5-Löcher, außergewöhnlich viel für einen Links, tragen zu dieser Hoffnung bei.

Abwechslungsreich geformt sind die Bahnen um die Wende herum. Das 10. nutzt in einer weichen Linkskurve die vorgegebenen Konturen voll aus und strebt in weichen Wellenbewegungen dem Wasser zu. Freilich, das Herzstück der Partie ist im östlichen Gebiet anzutreffen, wo die Dünen stärker ins Geschehen eingreifen und die Luft salzhaltiger wird. Schwierig gestaltet sich der zweite Schlag durch das enge Tal des 13. Aber in ästhetischer und sportlicher Hinsicht wird das folgende Par 4 in Erinnerung bleiben. Bei nur 300 Meter Länge wird man geradezu herausgefordert, mit der Birdie-Chance zu liebäugeln. Doch nur, wer das Risiko eines vollen Drives in die schluchtartig verlaufende Bahn nicht scheut und wem der delikate Chip zum hoch gelegenen Grün gelingt, wird belohnt.

»The Cup« heißt dieses Juwel eines Par 4, weil die Fahne wie auf einer umgestülpten Teetasse steht. Zuvor lohnt es, länger als erlaubt am Abschlag zu verweilen: Das hoch gelegene Tee wagt einen neugierigen Blick auf den parallel verlaufenden, kilometerlangen Strand und die Formation der Mountains of Mourne sind nach Norden zu wie aus dem Horizont gemeißelt. Falls Sie sich am 16. in die Wolle dichter, wilder Blumen verzetteln oder am 17. einen Schlag in den zahlreichen Grünbunkern verlieren, besteht am 18. die Chance zur Wiedergutmachung. Trotz der neun Bunker sollte das Par 5 geschafft werden.

Das überaus geräumige Clubhaus entpuppt sich als behagliche Zuflucht und bietet die seltene Gelegenheit, einige bereitgestellte Zimmer für die Übernachtung zu nützen. Man sollte sich diese Offerte nicht entgehen lassen, zumal wenn man dem Präsidenten Jack Halfpenny in die Hände fällt: eine Art Kurienkardinal der Golfszene und mit weit über 80 Jahren sozusagen die Fleisch gewordene Verkörperung der irischen Gastfreundschaft.

Wie auf Bestellung hat die See hinter dem 12. Grün ihren Auftritt, ein auch von Licht und Luft erheitertes Refugium.

Ausblicke aus meinem Golfbag

ST. MARGARET'S GOLF & COUNTRY CLUB

Nur sechs Kilometer vom Flughafen Dublin entfernt drängt sich ein Besuch dieser Anlage geradezu auf. Der Kurs, der sich mit weichen Kupierungen durch eine offen gestaltete Parklandschaft schlängelt, wurde 1993 zum besten neuen Projekt der Insel gekürt.

Bei ihrer Entscheidung musste das »Golf Institute of Ireland« vor allem das 8. Loch vor Augen gehabt haben. Der umgeleitete Ward River, der den Spieler ab dem 5. immer wieder zu necken weiß, ist an diesem Par 5 zu mehreren kleinen Seen gestaut worden. So eindrucksvoll die Formation des Fairways, so mannigfaltig die Gefahren auf der fast 500 Meter langen Strecke. Wasser erst links, dann rechts, schließlich als Bollwerk vor dem inselartig aufgebauten Grün, produziert gleichsam simultan Gefahren für Slicer und Hooker.

St. Margaret's Golf & Country Club

SUTTON GOLF CLUB

Wie ein in die Dublin Bay ausgeworfener Angelhaken liegt die Halbinsel Howth im Wasser. An ihrer westlichen Zufahrt hat sich der Sutton Golf Club eingenistet. Ein bescheidener, jedoch reizvoller 9-Löcher-Links, der als »Einsteigemodell« für diese Gattung Golf geeignet ist.

Seit dem 1. Juli 1890 treibt man hier die Bälle über höckeriges Areal mit pfeilschnellen, natürlich eingefassten Grüns. Seitdem scheint sich nicht viel verändert zu haben. Sechs Löcher folgen der maritimen Linie von Cush Point, während der Rest sich von der Bucht abwendet und so für ein Kontrastprogramm sorgt. Portmarnock ist bei Rückenwind nur eine Drivelänge entfernt und immer im Blickwinkel.

Ein Club, der auch untrennbar mit dem Namen von Joe Carr, dem besten irischen Amateurspieler aller Zeiten und einzigen heimischen Captain des Royal and Ancient Golf Clubs, verbunden ist.

HERMITAGE GOLF CLUB

Die Wege auf diesem Platz sind wie keltische Knoten, verschlungen, zeitlos. Alles Zielgerichtete ist ihnen fremd. Die Parklandschaft ist ein Tal der Einsiedler und Aussteiger, ein Ort der Legenden und Höhlen; in der »Kammer der Eremiten« taucht man, noch im Hörbereich des Stadtzentrums, urplötzlich in eine Oase der Ruhe ein.

Waldreiche Abschnitte und ein prächtiger Baumbestand begleiten die Runde, die sich mit heftigen Richtungsänderungen auf mehreren Etagen ausbreitet.

Heiter, fast genießerisch fließt die Liffey durchs Tal. Als ahne der Fluss, dass er vier östliche Meilen weiter zu dickflüssigem Blut gerinnen werde, zieht er sich hier noch einmal ein idyllisches Kleid an.

Schaustück der Anlage ist das oft abgebildete 10. Loch, ein Par 3, dessen Grün sich an den Saum der Liffey anschmiegt. Der Abschlag neben dem Clubhaus muss 40 Meter Höhenunterschied überwinden und scheint endlos unterwegs zu sein.

POWERSCOURT GOLF CLUB

Wer die Erlaubnis erhält, sozusagen im Hinterhof der Powerscourt Gardens, dieser 1740 fertig gestellten Parkanlage, die als süperbes Beispiel für einen »formal garden« gilt, zu bauen, kann eigentlich nichts verkehrt machen. Trefflich hat man bei der Gestaltung des Platzes den Vorsatz gefunden, sich an die Weite und Transparenz der Umgebung zu halten. Es ist dies ein Gang, der genügend Zeit lässt, die augenblickliche Verwandlung des Reliefs und das Wechselspiel des Lichts zu genießen. Ein nahezu musikalisch nachempfundenes und rhythmisch umgesetztes Projekt, das die Wicklow Hills und den majestätischen Sugarloaf Mountain nie aus den Augen lässt. Herausragend unter vielen Vorzeigelöchern das Par 3 am 16., das an das 12. von Augusta erinnert, und das 17. mit seinem Teich im Frontbereich.

Auch wenn der Garten geschlossen sein sollte, gibt es für Ortskundige freien Eintritt: am Osttor »on« drücken und den Code 47 wählen.

KILKEA CASTLE GOLF CLUB

Diesen Club, der noch darauf wartet, entdeckt zu werden, muss man aus zweierlei Gründen ansteuern. Zum einen verfügt er mit dem namengebenden Castle über die älteste bewohnte Burg des Landes, die Walter de Riddleford als Anführer der ersten anglonormannischen Invasionsgruppe bereits 1181 okkupierte. In seinen Gemäuern sind heute nun die Annehmlichkeiten des 20. Jahrhunderts gut aufgehoben. Zum anderen erwartet den Besucher mit den Löchern 16 bis 18 das denkbar faszinierendste und schwierigste Schlusskapitel einer Golfrunde, bei dem der River Griese eine bälleverschlingende Spur hinterlässt. Alles gehorcht einer pastoralen Topographie, die auf das Wechselspiel zwischen Dichten und Weiten setzt und wo der Akteur in einen Fluss gerät, der ihn mit sich trägt, ihn treiben lässt, dann wieder auffängt und in waldreiche Biegungen drängt.

**Powerscourt
Golf Club**

Fairways im Farbenwirbel

BEGEGNUNGEN MIT DEM SÜDLICHEN IRLAND

Eine Kostprobe davon, wie sich die Zeiten geändert haben, seit Platzeröffnungen wie eine überschäumende Welle über das Land hereinbrechen, offeriert das südliche Irland. Die stillen Reize der Kleeblattküste mit ihrem im glücklichen Gleichgewicht ruhenden Hinterland schien bisher dem Segelsportler oder Pferdefreund vorbehalten. Der Golfer indes sah in der Region nicht mehr als ein bloßes Durchgangsland, dem man auf dem Weg in den ertragreichen Westen rasch entfloh. Heute freilich gibt es mehr Gründe zum Verweilen denn je.

Fota Island (im Bild) und seine Verbündeten räumen gründlich auf mit der Vorstellung von Irland als unwirtlichem Außenposten Europas. Im Süden ist der warme Atem des Golfstroms stärker als alle eiligen Wolken und es scheint auf den Fairways und außerhalb noch ein wenig grüner zu sein als anderswo.

D ie fulminante Anlage, die Jack Nicklaus in Mount Juliet geschaffen hat, ist bereits in aller Munde. Tatsächlich hat ihre rasche Reputation und der damit verbundene wirtschaftliche Erfolg weitere Investoren dazu bewogen, ähnliche Vorhaben in Angriff zu nehmen. So ist Adare Manor nach schwieriger Geburt mittlerweile zu einer ausgereiften Persönlichkeit gewachsen und das Buch der Geschichte hat für die spektakuläre Halbinsel von Old Head of Kinsale ein neues Kapitel aufgeschlagen. Zwischen Waterford und Mount Juliet liegt die zeitlose Schönheit des Carlow Golf Club, während man weiter östlich das klassische Layout von Cork auf Little Island und die neue Perle Fota Island auf keinen Fall auslassen darf.

Über die Trumpfkarte Killarney ist bereits mehr geschrieben worden als über den heiligen Patrick. Ein gesunder Wettbewerb zwischen Alt und Neu hat noch niemandem geschadet.

Achtzehn Gänge für Gourmets

MOUNT JULIET GOLF & COUNTRY CLUB

Kein Platz hat das klassische Muster der irischen Golfszenerie mehr ins Wanken gebracht als Mount Juliet. Der Name steht synonym für die Springprozession des Landes in eine hellere Zukunft und knüpft gleichzeitig an eine alte kulturelle Tradition an.

Wer die herrschaftliche Auffahrt am Rande des unscheinbaren Ortes Thomastown passiert, glaubt seinen Augen nicht zu trauen: Jack Nicklaus' erster Entwurf auf der Insel erstreckt sich majestätisch im Herzstück eines nicht weniger als 600 Hektar umfassenden Herrensitzes. Der blendend gepflegte Platz, die ungewöhnlich guten Trainingsmöglichkeiten sowie ein perfekter Service haben schon manchen an einen amerikanischen Country Club der feineren Art denken lassen. Nichts ist dem Zufall überlassen. Indes ist das Ambiente der jedermann zugänglichen Anlage irisch bis auf den letzten Grashalm der Übungswiese. Verschwenderisch verbreitet sich die Vielfalt jahrhundertealter Bäume, gruppieren sich haushohe Rhododendren zu Alleen und leistet sich die Natur zwischen wildromantisch und keltisch-mystisch ein stimmungsvolles Szenario: Jeder Rosenstrauch und jedes Buschwerk scheint speziell zum Ergötzen der Gäste arrangiert zu sein, während der lachsreiche Fluss Nore das Geschehen neugierig beäugt. Fasane paradieren furchtlos auf den Fairways, und hinter dem 12. Loch durchbricht das Treiben eines Pferdegestüts die Stille. Auch glaubt man von Ferne Werwölfe heulen zu hören, aber in Wahrheit ist dies eine Koppel von Jagdhunden. Nicklaus muss die Einmaligkeit dieses Landschaftsgartens erkannt haben und hat bei der Platzgestaltung sein Temperament gezügelt.

Das war nicht immer so. Gewiss ist dem Major-Sieger mit seinem Heimatplatz Muirfield/Ohio, der als Antwort auf Bobby Jones' Augusta gedacht war, ein Glanzstück gelungen. Aber danach mussten alle Plätze des Meisters, der inzwischen mehr Anlagen baut als Runden spielt, einem schottischen Küstenplatz gleichen. Alle Welt glaubte seinem Credo und hat der so vorgestellten Golfplatzarchitektur über Jahre eine bestimmte Richtung aufgezwungen.

Mit Mount Juliet ist nunmehr eine Kehrtwendung und die Rückkehr zu den »Quellen« angezeigt. Nicklaus als Architekt schickt sich in den Maßstab der natürlichen Vorlage, bändigt seinen kreativen Überdruck, gibt ihr zugleich einen markanten Halt und nimmt doch jeden hier zu empfangenden Wink auf.

Ungeachtet seiner Jugend verschaffte sich der Club rasche Reputation. Bereits zwei Jahre nach Eröffnung konnte er 1993 die prestigeträchtige »Irish Open« an sich ziehen und dieses Kunststück auch 1994 wiederholen. Nick Faldos dritter Sieg in Folge, insbesondere aber auch der Triumph von Bernhard Langer danach bewiesen die Qualitäten von Mount Juliet, wo Außenseiter nie eine Chance hatten. Langers Gesamtergebnis von 13 unter Par darf nicht darüber hinwegtäuschen, dass die Runde mit Schwierigkeiten gespickt ist. Ein solches Resultat kann nur bei trockener, windstiller Witterung erzielt werden. Lange Eisenschläge sind aus fast allen Par 4 auch nach geglücktem Drive erforderlich. Abgesehen vom 10. oder 17. scheitern selbst die Bemühungen der Professionals, die Par-5-Löcher mit zwei Schlägen zu erreichen.

Das Schlussdrittel entpuppt sich als harte Prüfung. Auf ihm ist kaum Boden gutzumachen. Die ausgeklügelten Grünformationen tun ihr Übriges. Nick Faldo hält die Anlage für eine der besten im Rahmen der europäischen PGA-Tour. Das mag daran liegen, dass er gleich nach der Runde fischen gehen kann. Aber einiges hat dieses Statement für sich. Für den Durchschnittsspieler besteht indes kein Grund, von vornherein die Segel zu streichen. Mit Hilfe von sechs verschiedenen Tees an jedem Abschlag lässt sich die beträchtliche Länge der Runde von fast 6500

Metern erheblich reduzieren. Die Strecke »out« folgt der pastoralen Weite einer anheimelnden Hügellandschaft – das allerdings selbstbewusst und mit ausgeprägter Gestaltungslust. Hat man den quer laufenden Wassergraben am 2. Loch über die steinerne Brücke, die auf den Zentimeter genau der römischen Swilcan Bridge in St. Andrews nachempfunden ist, passiert, geraten die beiden folgenden Löcher ins Blickfeld. Gleichzeitig wird der Erleichterung über den angenehmen Auftakt ein Ende gesetzt.

Das Par 3 am 3. mit seinem Teich vom Tee zum Grün ist eine durch und durch maritime Angelegenheit und mit einem Boot leichter zu bewältigen als mit dem erforderlichen langen Eisen. Das sich anhängende 4. – Stroke-Index 1 – kann als sicheres Beweisstück für die These gelten, wonach nicht die Länge eines Loches der Prüfstein ist. Die moderaten 357 Meter führen

Trophäe der Tradition: die Steinbrüche am 3. Loch als vollkommen nachempfundenes Plagiat der Swilcan Bridge von St. Andrews.

führen. Im weit geschwungenen Bogen der Löcher 10 bis 16 ducken sich drei Grüns in Lichtungen, werden die beiden Par 3 idyllisch zwischen Wasser und Wald eingebettet.

Einer geradezu übermütigen Dramaturgie ist die 10. Bahn entsprungen: Im Drivebereich taucht unversehens eine Phalanx hoch stehender Eichen auf, die das Fairway in zwei Hälften teilt. Hier hat nun der Akteur die Möglichkeit, sich entweder für die rechte Seite zu entscheiden und das Grün mit dem zweiten Schlag anzugreifen. Dabei riskiert man freilich, in den fünf Bunkern zu enden, die das Vorgrün wie die Bank von Irland verteidigen. Die alternative, hindernisfreie Route führt Dogleg-artig links an den Bäumen vorbei und dient dem Ziel, die Fahne mit sicheren drei Schlägen anzusteuern.

Ein riesiger Schwanenteich gibt der Schlussphase das Gepräge, wobei sich am 17. die wahrscheinlichste Birdie-Chance bietet, falls man es wagt, seinen Abschlag in die äußerste linke Ecke des Fairways zu platzieren. Hoffnungen dieser Art sind am 18. gänzlich unangebracht. Bei Gegenwind streckt sich dieses Par 4 gewaltig. Mit irischer Logik lässt sich sagen, dass drei ordentliche Schläge erforderlich sind, um mit zweien auf dem Grün zu sein. Mount Juliet hat neue Maßstäbe gesetzt. Nach diesem Entwurf wird es jeder weitere schwer haben.

durch einen beängstigend schmalen Hohlweg mit wechselnden Gefahrenpunkten von Wasser und Gebüsch. Erst im Vorgrünbereich öffnet sich die Bahn, ein Bonus, den der Teich rechts dahinter wieder zunichte macht. Es ist keine Schande, den zweiten Schlag defensiv zu spielen, um dann den Wedge für sich wirken zu lassen. Boden gutzumachen gilt es im fließenden Part der Löcher 5 bis 9. Die verschwenderisch bemessene Strecke bestätigt das Gerücht, wonach Nicklaus gern auch ein ihm eingeräumtes unbeschränktes Budget überzieht. Ausgesprochen ökonomisch ist jedoch die Entscheidung, die parallel verlaufende Nore, ein schnell steigendes Gewässer, auf Abstand zu halten.

In der forstreichen »Home«-Passage wird dem Licht reichlich Gelegenheit zum Schattenspiel gegeben, lösen sich die bisweilen strengen Formen kalkulierter Landschaftsgestaltung auf: weniger eine geometrische Streckenführung, stattdessen die heitere Anordnung unterschiedlichster Löcher mit Bächen unter geschwungenen Brücken und Wegen, die zu stillen Winkeln

Wem eine stilvolle Unterbringung ebenso am Herzen liegt wie der letzte Putt, der das Match entscheidet, sollte Mount Juliet nicht sogleich den Rücken kehren. »Mount Juliet Hotel« ist ein Haus, dessen Atmosphäre all das enthält, was kontinentale Vielreisende vermissen: Die Pracht des 18. Jahrhunderts vereinigt sich mit dem Komfort unserer Zeit. Dass bereits Cromwell seinen Blick auf den Komplex geworfen hatte, ist verständlich.

Stippvisite im Steinbruch

CORK GOLF CLUB LITTLE ISLAND

Manchmal suchen sich Golfplätze die ungewöhnlichsten Standorte aus.

Auch die Lage von Cork auf Little Island ist merkwürdig. Ein Großteil seiner Löcher – und zwar die besten – liegen auf dem Grund eines ausgeschöpften Steinbruchs. Viele der schmucken Landhäuser in der Umgebung haben von hier ihr Material bezogen. Auch einige Wolkenkratzer in New York oder Boston verdanken ihre Standfestigkeit dem Kalkstein von Cork.

Das Vereinsemblem schmücken zwei Leuchttürme und ein prächtiger Dreimastschoner. Damit wird auf seine Gründung verwiesen. Er wurde vom Wasser aus entdeckt, als einige Mitglieder des örtlichen Royal Yacht Club, dem ältesten seiner Art, mit ihrem Schiff den Lough Mahon passierten. Das war vor einhundert Jahren. Little Island, die kleine Halbinsel, die wie der Pfropfen eines Flaschenhalses in der Seenplatte des Lee sitzt, drängte sich geradezu als neuer Standort auf. Die ursprüngliche Spielwiese im benachbarten Cobh auf Great Island war der zunehmenden Popularität des Spiels nicht mehr gewachsen.

Gut beraten war man auch, Dr. Alister Mackenzie mit der endgültigen Fertigstellung der Anlage zu beauftragen. Es war seine letzte Arbeit in Europa, bevor er nach Übersee aufbrach, um mit Entwürfen wie Cypress Point oder Royal Melbourne unsterblich zu werden. Mit sicherem Gespür für das ausladende, hügelige Parkgelände hat er eine abwechslungsreiche Streckenführung erdacht, die den Spieler gleichermaßen unterhält wie herausfordert. Ohne Umschweife steuert der Kurs auf Lough Mahon zu, wo die Löcher 4 und 5 entlang dem Mündungsgebiet des Lee den ersten Höhepunkt bilden.

Vom Festland getrennt liegt der Meisterschaftsabschlag des 4. wie die Spitze eines Angelhakens im Wasser und lädt somit zu einem mutigen Drive über das nasse Element ein. Furchtsame Gemüter werden auch das 5. Tee mit Beklemmung betreten, wo der Abschlag zunächst einen tiefen Canyon zu überfliegen hat und der dritte Schlag zum neu gebauten, halbinselartig in der See liegenden Grün besondere Feineinstellung erfordert. Dahinter, wo früher die Bausteine auf Frachtschiffe verladen wurden, überwacht eine namenlose Ruine das pikante Geschehen.

Zwei fesselnde Par 3 bestimmen den Rahmen inmitten des Steinbruchs. Eher ein Holz als ein Eisen wird nötig sein, um die prächtig kontu-

Weiträumig, auf Wohnlichkeit bedacht, ländliche Architektur ohne Luxus, aber komfortabel – so präsentiert sich das Clubhaus von Cork, an dem die letzten Löcher vorbeistreichen.

rierten Grüns der Löcher 7 und 9 zu treffen. Nur zögernd und von heftigen Turbulenzen des Terrains begleitet entweicht die Runde dem Saum der weiten Flussmündung. Mit dem 11. ist das wohl technisch beste Loch von Little Island erreicht. Im Drivebereich balanciert das Fairway beängstigend nahe entlang dem Steilrand der Grube. Die langgezogene Rechtsbiegung verführt den Spieler dazu, dem Loch durch einen riskanten Slice gut 100 Meter abzunehmen. Wer sich dazu entschließt, kann das Grün mit zwei Schlägen treffen. Mackenzie war dafür bekannt, das Temperament eines Spielers mit Leimrouten dieser Art zu prüfen. Im freundlichen Gesicht des englischen Arztes, dessen Porträt stolz den Eingang des Clubhauses schmückt, sind Züge von Till Eulenspiegel unverkennbar auszumachen.

Nachdem es in den Steinbruch ging, nimmt Cork den Lee noch an die Hand, rauscht und hüpft mit ihm um die Wette, eine Melodie im Wind hier das 13. Grün.

Der steile Anstieg zum alarmierend nach vorne brechenden Grün des 12. wird mit einem prächtigen Ausblick belohnt. Den schönsten Steinbruch der Welt zu Füßen, zieht der Fluss in weichem Bogen Richtung offenes Meer davon. Zur Rechten liegt der Hafen von Cork und der Turm von Schloss Glanmire, übrigens die Zielvorgabe für den Abschlag am 8. Loch.

Die Schlussphase wird mit fünf hintereinander gestaffelten Par 4 eingeläutet. Es sind recht lange Bahnen, die in kontrastreicher Parklandschaft und im Schatten des zweigeschossigen Clubhauses dahingleiten. In seiner Lounge Bar wird Sie jedermann zu überzeugen versuchen, dass Cork die »eigentliche« Hauptstadt des Landes sei.

Audienz im Arboretum

FOTA ISLAND GOLF CLUB

Fota Island ist einer jener Plätze, auf denen das Glück nicht nur Verheißung ist, das Happy End nicht erst mit dem Schlussakkord, sondern bereits nach dem Prolog beginnt. Rechts oben Loch 18, darunter das 14. Grün.

Ein Baum aus dem angrenzenden Arboretum auf Abwegen und als Dekor für das 2. Loch.

Manchmal sind Fairways auch Freunde. Auf Fota Island, die sich geschmeidig an das Hafenbecken von Cork anlehnt, will dieses Empfinden spontan aufkommen.

Ihr Par-72-Meisterschaftskurs ergänzt die anderen anspruchsvollen Anlagen im südlichen Irland ideal. Bis dahin war es freilich ein beschwerlicher Weg. Das Golfgelände besetzt nämlich den Teil eines 780 Morgen großen Anwesens, das in der Publikation »Auflistung außergewöhnlicher Landschaften Irlands« erwähnt wird, und grenzt an die Waldungen eines weltberühmten Arboretums an.

Proteste gab es kübelweise, als sich der bisherige Eigentümer, die University College Cork, von einem Teil ihres Grundbesitzes trennte und eine private Baugesellschaft auf den Plan trat. Das Arboretum, muss man wissen, ist eines der bedeutendsten Europas mit alten, über Genera-

tionen gewachsenen Bäumen aus allen Teilen der Erde. Besonders stolz ist man auf eine japanische Sicheltanne, ein wahrlich selten anzutreffendes Exemplar.

Am Ende waren alle Proteste und Sorgen umsonst. Der Gesamtkomplex ist so riesig, dass der Park keinen Schaden hinnehmen musste und die Erdarbeiten auf das Nötigste beschränkt werden konnten.

Heute führt der Golfplatz sein friedfertiges Eigenleben zwischen Fota House und dem Mündungsgebiet des Lee. Er ist von perfektem Gleichmaß. Der offene, leicht hügelige Ablauf wird von mehreren Seen beherrscht. Eine Strecke zum Streicheln und ohne Brüche.

Nach schwieriger Eröffnungsphase sollte man die Passage vom 4. bis zum 11. dazu nützen, um sich die Grundlage für einen guten Score zu verschaffen.

Danach paradiert der Platz mit seinen Möglichkeiten und zwingt den Spieler, alle Register seines Könnens zu ziehen. Am 12. muss der Teil eines Sees zum hoch gelegenen Grün überwunden werden. Am 14. lauert ein weiterer, spät ins Blickfeld kommender See vor einem immensen Doppelgrün. Alle Bemühungen auf dem 15. werden möglicherweise von neugierigen, exotischen Wesen beobachtet, da sich hier ein Wildpark anschließt.

Manche erachten das Schlussloch als attraktivstes der Runde, da sein Grün malerisch von einem See umschlossen wird. Ins-

gesamt aber gebührt allen Grünkonturen Beifall. Wunderbar ausgetüftelte Balancen aus Formen, Kanten und Wölbungen, die Essenz fein kalkulierter Spannung. Wiederholt ertappt man sich bei der Überlegung, den Annäherungsschlag sogleich wiederholen zu wollen. Wer nicht mindestens drei Meter an die Fahne herankommt, ist noch lange nicht am Ziel.

Das Clubhaus ist in ein geschmackvoll renoviertes Farmgebäude integriert worden und fügt sich angemessen in das Ambiente von Fota ein. Das Clubemblem schmückt die erwähnte japanische Sicheltanne, die wahrscheinlich größte ihrer Art in Europa und der ganze Stolz des Arboretums. Damit soll wohl unterstrichen werden, dass man es mit der guten Nachbarschaft auch ernst gemeint hat.

Vom Reiz des Ruinösen

Adare Manor Golf Club

Zu Recht ist man in Adare Manor stolz darauf, seit Sommer 1992 endlich auch über 18 Löcher zu verfügen. Schließlich musste man sich ein Jahrhundert lang mit einer abgekürzten Runde im ehemaligen Vorgarten der Dunroven-Familie begnügen.

Lange Zeit umfasste die Mitgliedschaft auch das Recht, zweimal im Jahr bei den Dunrovens zu dinieren. Das ist längst Historie. Ebenso geschichtsträchtig gestaltet sich der Gang über diesen Parkland-Kurs. Die Runde führt um den enormen Ruinenkomplex eines Franziskanerklosters aus dem 15. Jahrhundert herum, das dem Erzengel Michael geweiht war. Schon das Grün des 1. Loches liegt im Schatten alten Burggemäuers. Frühzeitig wird also deutlich, dass nicht nur profane Besucher auf ihre Kosten kommen.

Die Löcher 2 und 3 folgen dem Schwung des lachsreichen Flusses Maigue, wo die Mönche einst ihre Wäsche wuschen. Bei dieser Tätigkeit tarnten sie sich, wie Historiker herausgefunden haben, mit Frauenkleidern, um nicht in feindselige Debatten mit den Glaubensbrüdern vom benachbarten Clonmachoise-Kloster verwickelt zu werden.

Nicht nur klerikaler Höhepunkt dieser so nur in Irland möglichen Runde ist das 14. Loch, ein Par 3 von 180 Metern. Wer hier sein Ziel verfehlt, landet hinter dem Grün und einem gut erhaltenen Kreuzgang der Abtei, über dessen Mauern ein Glockenturm aufragt.

Kein »Andachtsbild« auf Adare Manor, sondern die Spiel- und Probierlust auf dem uralten Areal eines Franziskanerklosters, wo die katholische Kirche ihren Musterkoffer ausgepackt hat, damit auch Golf-Atheisten endlich »gläubig« werden.

Auf dem Weg zum schweren 15., Par 4, der mitten durchs Kloster führt, könnte innere Einkehr gut tun. Vielleicht bemerkt man dabei auch die fein herausgearbeitete Steinfigur eines Mönches im westlichen Mauerwerk. Auch weltlich gestimmte Akteure werden sich am Bahnverlauf des Schlussloches delektieren können. Im Knickbereich dieses ansteigenden Fairways liegt der verwunschene Klosterfriedhof mit seinen geheimnisvollen Botschaften. Dass ein Priester hier den Platzrekord hält, passt zum Rahmen, den man nicht im Büßerhemd verlässt.

Frühling in den Füßen

ADARE GOLF CLUB

Künstliche Paradiese schaffen – das war nicht nur in England ein Traum wohlhabender Adliger. Ein Raum, in dem die Natur dominiert, von großen Gärtnern geplant und mit der »silbernen Axt« vollendet.

Gartenphilosophen predigten die harmonische Wildnis und formulierten Rousseaus Parole »Zurück zur Natur« zum Entzücken der feineren Gesellschaft in die Erde. Was es damit auf sich hat, kann auch heute noch am Ortsrand von Adare – wegen seiner reetgedeckten Cottages entlang der Hauptstraße ein wenig übertrieben gern als »schönstes Dorf Irlands« bezeichnet – im Märchenpark von Adare Manor in Augenschein genommen werden. 330 Hektar Landschaftspark umfasst der eingefriedete Grund, auf dem bis 1982 die Earls of Dunroven residierten. Die Reste zweier Abteien aus dem 14. und 15. Jahrhundert und die Ruine des Desmond Castle aus dem 12. Jahrhundert liegen herum wie abgelegtes Sperrgut. Nicht so das 1720 erbaute Schloss. Ein der Gotik nachempfundenes Anwesen mit 75 offenen Kaminen, 365 bleiverglasten Fenstern und einer Fassade, die sich gleichsam selbst bewacht. Es wirft auch seinen selbstbewussten Blick auf den Golfplatz zu seinen Füßen, dessen Entwurf aus der Feder von Trent Jones sen. stammt.

Obwohl eine Menge Geld verbaut wurde – allein der riesige See, an dessen Saum einige Frontlöcher ankern, hat eine Million gekostet, die beiden Brücken am 11. und 18. Loch haben diese Summe gar gesprengt –, gibt der Parcours nicht vor, ein weiteres expressionistisches Heiligtum des Altmeisters der »Modernen« zu sein. Trent Jones' Einfälle gehorchen ganz der Topographie, erzählen vom Reichtum der Raumfluchten, von Rhythmus und Musikalität und ordnen sich unter. Das hoch gerühmte Gefühl des Regisseurs für Tempo und Nuancierung feiert nach kapriolenreichen Jahren hier noch einmal seine Auferstehung auf einem Gelände, das einem Genregemälde entrissen sein könnte, und einem Boden, der die Stöße des Alltags abfedert wie ein Luftkissen.

Während der erste Durchgang von dem fast 7000 Quadratmeter großen Gewässer beherrscht wird, durchschneidet auf der »Home«-Strecke der forellen- und lachsreiche River Maigue die Partie wie ein Reißverschluss.

Doch zunächst entflieht die Runde mit einem Schwung, den Musikliebhaber sonst nur vom Steinway-Flügel her kennen, in südlicher Richtung. Unser See hinterlässt erstmals am rechten Fairwayrand des 3. Loches eine bälleverschlingende Spur und pocht auf weiteren neun Löchern bei mindestens 17 Schlägen – die Strafschläge nicht mitgerechnet – auf Beachtung. Am kurzen 4. mag er sich noch in der Rolle des unbeteiligten Zuschauers gefallen. Dafür dominiert er die gesamte rechte Fairwayflanke des 7., ein großartiges Semi-Dogleg Par 5, bei dessen Zeichnung Jones bestimmt das 13. von »The Dunes« in Myrtle Beach, sein berühmtestes, im

Sinn hatte. Buchstäblich schlagartig meldet sich der Maigue nach der Wende zu Wort. Jede Abweichung nach rechts wird am 10., einem delikaten Par 3, bestraft. Des Architekten Vorliebe für ausgefallene Bunker ist am 12. zu besichtigen. Vier sandige Kleeblatt-Hindernisse nehmen das Grün in ihr Schlepptau, während sich die folgende Spielphase im Aderwerk des alten Baumbestandes eindrucksvoll entfaltet. All das exotische Stammwerk scheint sich hier wohler zu fühlen als in seiner Heimat. Ein weiterer Teich dominiert das kurze 16., viel Forst beschäftigt das 17. – ein famoser Auftakt für den Schlussakkord. Gestreckt, gewellt, gespiegelt und getürmt, Adares Schlussloch entlang dem Fluss und in Sichtweite des Schlosses mutiert zum aufreizend schönen, aber auch provokativen Finale. Das mittellange Par 5 kann bei Rückenwind durchaus mit zwei Schlägen erreicht werden. Aber dieses Vorhaben gelingt nur mit einem Treibschlag entlang der Uferlinie und dem diagonalen Überqueren des Flusses beim Fahnenangriff. Das stark gewellte Grün bündelt noch einmal alle Kostbarkeiten der Runde. Dann sind es nur noch wenige Schritte bis hin zum Adare Manor, einem Haus wie ein historischer Roman.

Bereits die Rezeption mit ihren neun Meter Höhe und 40 Meter Länge ist beeindruckend, und in den Zimmerkaminen könnte man ganze Ochsen rösten. Aber wer unter gotischem Gewölbe einmal wie der Earl of Dunroven wohnen will, sollte sich diesen Budenzauber nicht entgehen lassen. Ungeachtet aller Dimensionen erwartet den Gast nämlich auch eine Kathedrale der Behaglichkeit.

Adare Manor, ein Schlosshotel, das sich selbst bewacht, aber auch die 18. Bahn, die der River Maigue durchschneidet, nie aus den Augen lässt.

Die Unwahrscheinlichkeit der Welt

OLD HEAD GOLF CLUB

Old Head hat schon viel erlebt. Ungeniert und selbstbewusst schiebt die Halbinsel ihren krustigen Körper weit in den Atlantik hinaus. Wie durch einen mächtigen Axtschlag abgespalten wachsen 70 Meter hohe Klippen steil aus einer aufmüpfigen See heraus.

Ungezählte Schiffe kommen auf ihr Konto; darunter auch der mächtige Rumpf der City of Chicago (1852). Und als der deutsche Kapitänleutnant Walther Schwieger am 7. Mai 1915 um 14.10 Uhr von seinem U-Boot einen Bugtorpedo gegen die Lusitania abschoss, der 1198 Menschen das Leben kostete, war dies Anlass für die USA, in den Ersten Weltkrieg einzutreten. Zuvor hatte schon die Titanic, nachdem sie das Leuchtfeuer von Old Head passiert hatte, Kurs auf ihren Untergang genommen.

Aus ganz anderem, jedenfalls friedlichem Grund stockt uns heute der Atem: Die Halbinsel, vor Millionen Jahren noch ein Küstenstreifen Nordafrikas, beschert uns am Ausgang dieses Jahrtausends eine der tollkühnsten Sportstätten des Golf-Globus, ein Tellergeschoss von außerirdischer Anmutung. Es gibt keinen Weitwinkel und auch keinen Wortschatz, mit dem man Old Head Course wirklich einfangen könnte. Es wäre leicht, Fotos nebeneinander zu legen und Wortbilder aneinander zu fügen. Aber das würde nur eine endlose Sequenz und kein Porträt ergeben. Die Wirklichkeit käme abhanden. Man muss selbst ankommen in diese wundersam unordentliche Höhe, sich mit eigenem Leibe dieser Evakuierung aussetzen, die nichts mehr mit der herkömmlichen Erdkugel zu tun haben will und der man beiwohnt, als habe der Heilige Geist persönlich mit dem siebten Schöpfungstag begonnen.

Aber weil sich hier alles höchst phantasievoll entfaltet, wird niemand, der auf dem 3. Grün steht, dessen Fläche sich mit einem lotrecht abfallenden Felsen vermählt, all die Passagiere auf den Auswanderungsschiffen vergessen, die, wenn sie diesen Punkt passierten, Irland aus den Augen und oft für immer verloren hatten ...

Old Heads grüne Bühne hat kein Dach, keine Mauer, die vor den Elementen schützt, keinen Vorhang, keine Treppe, aber immer salzige Tränen. Bei schönem Wetter erinnert der Platz an ein Arkadien mit Aussicht, bei schlechtem

Der Leuchtturm am südlichsten Punkt der Peninsula hat schon viel erlebt und scheint nun in eine hellere Zukunft zu schauen.

Wetter ist er ein geeigneter Posten, um alle Jahreszeiten dieser Insel zu beobachten und zu spüren. Auf dieser felsigen Drehbühne spielt man keine Runde herunter, sondern sammelt Augenblicke. Am besten an Tagen, wenn die Sonne wie aus Strahlen Licht auf die Peninsula wirft, die nordwärts gerichteten Weiden in Goldgelb taucht und auf dem Meer Diamanten tanzen lässt. Nur die Einsamkeit ist dann Zuschauer und es ist müßig, danach zu fragen, ob der technische Platzwert dem visuellen Zauberwerk standhält. Hier ist die Wahrnehmung so schonungslos, dass die Stilmittel fast gleichgültig werden. Die Architektengruppe um Ron Kirby und Joe Carr hat es verstanden, auch die Raumregie meisterhaft zu lösen.

Je fünf Par-5- und Par-3-Löcher werden mit acht Par 4 fugenlos gebündelt. Dabei gelang es,

neun Bahnen unmittelbar entlang der Kammlinie zu führen und ganz nebenbei den historischen Emblemen des Terrains Aufmerksamkeit zu schenken: den Resten des alten Leuchtturms aus dem 17. Jahrhundert etwa, dessen Lichtfinger einer Legende nach niemals ausgehen durften, dem Dolmengrab im Bereich des 10. Lochs sowie östlich den Ruinen von Don Mac Padraig Castle. Zu all den geschichtlichen Reminiszenzen kommt der verschollene keltische Sonnenstein – The Stone of Accord – als Club-Wahrzeichen hinzu.

Wer hier unterwegs ist, begreift schnell, dass die Partie das Auge ebenso intensiv beschäftigt wie den Verstand. Abschläge hängen wie an grünen Fäden aufgehängt über dem Abgrund, Grüns lungern als winzige Rettungsinseln in Schluchten und Senken. Angesichts solcher

Old Head, ein Tellergeschoss von außerirdischer Anmutung, liegt wie ein geschmolzenes Hufeisen mitten in der See.

Kapriolen wird niemand am 3. Loch die Fahne direkt angreifen, wenn diese links drapiert ist. Und nur couragierte, schwindelfreie Akteure werden das 4. Loch schadlos überstehen: Einem Adlerhorst gleich thront der Abschlag triumphierend über dem Abgrund. Zerfetzte Felsformationen wachsen provozierend in das Fairway hinein. Ein Knäuel bewegter Linien führt über 280 Meter zum Grün hin. Es kauert in einer Kuhle, als habe es Ohrenschmerzen, und lässt den Leuchtturm über seine Schultern schauen.

Insgesamt jedoch haben wir es mit einer unaufgeregten, stets vom Ort inspirierten Streckenführung zu tun, die nur selten aus dem Gleichgewicht gerät und mit breiten Bahnen die Wucht der Elemente mindert.

In dieser Gegend exzentrischer Heiterkeit – das naheliegende Kinsale rühmt sich als ein Ort der »irischen Riviera« und gilt als Gourmet-Hauptstadt der Republik – wirken blühendes Rough und eine dekorative Pflanzenwelt keineswegs fremd. Manches von dem hat Eigentümer John O'Connor von seiner Domäne Ballinskelligs auf den Platz transplantiert.

Viel Geschmack bewies man auch bei der Gestaltung des Clubhauses. Im traditionellen Stil gebaut, könnte es ein Verwandter der grauen Felsen sein. Fahrzeuge verschwinden in einer Art Tiefgarage, sodass sich nichts Störendes ins Gesamtbild mischt.

Zur Eröffnung am 1. Juni 1997 erschienen auch Allan Bestin und Robert Hardy. Bestin ist der Sohn des 3. Offiziers der Lusitania, Hardy ein Sohn des Küchenchefs des Unglücksdampfers. Auch so kann sich eine Runde schließen. 82 Jahre nach dem Desaster sieht Old Head in der Abenddämmerung dieses Jahrhunderts einer helleren Zukunft entgegen.

Auf dieser vom windschiefen Rhythmus bestimmten Runde gibt es kein Entrinnen – und niemand leistet Fluchthilfe am 16. Loch.

Unter dem Atem des Golfstroms

Killarney Golf & Fishing Club

Die kostbarste Knospe im Bukett des irischen Fremdenverkehrsverbandes heißt Killarney. Seit einem Jahrhundert fällt kübelweise Ruhm auf diese Stadt. Der Paradeort ist Drehscheibe und Sattelplatz der Traumstraße »Ring of Kerry« und verfügt über mehr gute Hotels pro Quadratmeter als ganz Irland zusammen.

Sein Ruhm begann, als Queen Victorias Hofdamen beim Anblick der Seen vor Wonne seufzten, englische Romanciers ihre sprachlose Verwunderung in Verse kleideten und den ganzen Duft ihres poetischen Entzückens über Westeuropa verströmten. Wer diesen unaufhaltsamen Aufstieg als Abstieg empfindet, meidet diesen Ort. Provozierend schön ist Killarney jedoch immer noch an dem Gestade des Lough Leane. Dort ist der Golfer an Ort und Stelle.

Schwer vorzustellen, dass ein Golfgelände malerischer eingebettet sein kann als der »Golf & Fishing Club« mit seinen beiden Meisterschaftsplätzen. Ein Landschaftspark, dessen Subtropik der atlantischen Strenge den Garaus macht. Mediterrane Pracht, die den nördlichen Himmel an die Kette legt. Als vor 200 Jahren die Wälder Irlands bis auf winzige Reste abgeholzt waren, begann man hier, der Mode und dem Zeitgeist des 19. Jahrhunderts folgend, Fremdfauna zu pflanzen. Sie begegnet uns auf der Runde in nahezu bedrängender Intensität und gedeiht prächtiger als in Kaschmir oder Nepal.

Der Ablauf der 36 Löcher gestaltet sich als eine Rallye durch Rhododendrondickichte, unter Eichen und Lindendächern hindurch, führt an Erdbeerbäumen vorbei und macht vor Libanonzedern nicht Halt.

Kein Wunder, dass dieser arrangierte Ästhetizismus Golf-Gourmets aus allen Ländern anlockt und ihre nach all den Erfahrungen mit kantigen Küstenplätzen gebeutelten Seelen zu regenerieren weiß. In dieser südländischen Pracht vergisst man leicht, dass manche Löcher sich gleichen wie eine Möwe der anderen und der technische Platzwert mit dem prachtvollen Ambiente nicht Schritt halten kann. Und es ist angesichts seiner blendenden Szenerie müßig nachzugrübeln, welchem der beiden Plätze die Palme gebührt.

Der Killeen-Kurs ist länger und anforderungsreicher. Er verlangt mehr taktisches Einfühlungsvermögen und ist als Gesamtpaket seinem Nachbarn Mahony's Point wohl überlegen. Letzterer verfügt indessen über die besseren Einzellöcher und hinterlässt mit dem 18. den nachhaltigsten Eindruck.

Der Anlage hat es gut getan, die »Irish Open« von Dublin wegzulocken und auch den »Curtis-Cup« 1994 zu beheimaten. Abschläge wurden versetzt, neue Bunker strategisch hinzugefügt und ein neues Drainagesystem sorgt dafür, dass wir uns, im Gegensatz zu früheren Jahren, auch an »softdays« ohne Gummistiefel hinauswagen können.

Bereits das 1. Loch des Killeen-Kurses dient der Einstimmung und unterstreicht die Rolle, die Lough Leane in der Folgezeit spielen wird. Tee

Alles hier predigt hier Gelassenheit und Reflexion, alles dient den Sinnen, den Augen, auch den Ohren, die das Wasser über seine vielen Geräusche erfahren.

und Grün liegen wie grüne Schwämme unmittelbar im Uferbereich. Nur Übermütige werden erwägen, mit dem Drive über das Wasser der scharf nach rechts abknickenden Spielbahn einige Meter zu nehmen.

Bei genauerem Hinsehen steht das 3. Loch dem viel gepriesenen 18. von Mahony's Point in Schönheit und Herausforderung in nichts nach. Abgesehen von einem kleinen Bunker linker Hand liegt es völlig naturbelassen eingebettet am Rande des Sees, umgeben von hohen, weit ausladenden Baumkronen. Ginster und Rough reichen bis an den Grünrand heran, sodass etwa 170 Meter überflogen werden müssen. Das 4. Loch ist nichts für Hasenherzen, seitdem der Abschlag inselartig in Wasser eingefasst wurde.

Erst am 6. Loch lockert Lough Leane seinen Griff und begnügt sich einstweilen mit der Rolle des Zuschauers. Diese Erleichterung wird freilich aufgehoben durch einen Bach, der das aufragende Grün ringsum verteidigt. Das Rinnsal, das hier manche Ehrenrunde dreht, wird den Spieler noch am 7., 13. und 14. Loch foppen.

Die »Home«-Strecke spielt sich hauptsächlich in dem Gebiet ab, das seit den Tagen von

Lord Castlerosse, dem Initiator von Killarney, nicht verändert wurde. Das schwierige 13. Loch, ein Juwel von einem Par 4, verlangt bei baumreicher Spielbahn den denkbar präzisesten Drive. Der Ablauf des langen zweiten Schlages wird durch eine quer laufende Strömung und engen Grünzugang geprägt sein. Danach wirkt das leicht erhöhte, zu beiden Seiten abfallende Grün mit seinen zwei Bunkern einschüchternd. Das leicht abfallende 14. ist ein apartes Beispiel für ein kurzes, aber auch heikles Par 4, »Turkey Oak« genannt, weil eine mächtige Turkeiche die Annäherung zum Grün versperrt, sofern man beim Abschlag nicht die äußerste linke Fairwayhälfte gewählt hat.

Killeen verliert seine Stimulanz nie, schon gar nicht auf dem Schlussloch. Das hoch gelegene Tee mit dem famosen Fernblick mag die Konzentration stören, die hier notwendig ist. Die schmale Strecke wird von Ginster gesäumt, zwei Fairwaybunker rechts und ein begleitender Bach links decken die Seiten ab. Weiter vorne lauert der jüngst hinzugefügte kleine See auf den verunglückten Approach und erschwert den Zugang zum erhöht gelegenen Grün.

Die Kombination zweier Meisterschaftsplätze verschafft Killarney eine Reputation, die für sich steht. Wer dauerhaft vom »Golf-Bazillus« befallen ist, wird sich nur eine kurze Rast im aufwendig erweiterten Clubhaus gönnen. Er wird, eine kleine Stärkung in der Hand, die Müdigkeit in den Beinen ignorieren, an das »bay window« der Bar treten und sehnsuchtsvoll zur linken Seite des Landschaftsgartens blicken. Dort wartet Mahony's Point auf ihn.

Der Ablauf dieser Partie gestaltet sich offener und, insbesondere im Bereich der neuen Löcher 4 bis 12, weniger dramatisch. Dafür hat Mahony's Point fraglos den besten Wein der Veranstaltung für den Schluss aufgehoben. Wer im

Frühsommer am Abschlag des 16. steht, das sanft zum See hin abfällt, wird von haushoch wuchernden Rhododendren fast erschlagen. Die Aussicht vom höchsten Punkt des Terrains hinab zum Lough Leane mit der fabelhaften Bergkette der Tomnies Mountains im Hintergrund reicht aus, endgültig aus dem Schlagrhythmus zu kommen. Ein Graben muss beim zweiten Schlag überflogen werden, zuletzt wartet Wasser vor der rechten Grünseite. Man tut gut daran, die unauffällige Mulde im Annäherungsbereich zu beachten, die auf mysteriöse Weise den Weg zur Fahne verlängert. Ein Eisen »mehr« lautet deshalb meine Empfehlung.

Das 17. verläuft in leichter Rechtsbiegung parallel zum See. Keine künstlichen Hindernisse stellen sich entgegen. Das nahe Nass und die Baumgruppe im linken Grünbereich reichen als Warnung aus. Über das 18. könnte man Bücher schreiben, am besten Lyrik. Kein Par 3 lässt sich vollendeter denken, was Lage und Herausforderung angeht.

Alle Farben Killarneys haben sich zum Kehraus vereint. Das Grün liegt auf einer welligen Märchenhalbinsel, als sei Lough Leane trockenen Fußes an Land gegangen. Nur die vier Bunker verraten, dass wir uns auf einem Golfplatz befinden und der letzte Treibschlag alle guten Geister fordert.

Es geht eine Melancholie von diesen Runden aus, auch eine Melodie jenseits aller Beschreibungen, die von den Bergen, den dampfenden Wolken über einer von Farben überfluteten Erde und den einhüllenden Nebeln des Sees herrührt. Killarney, so will es scheinen, besitzt ein Dauervisum für das Paradies.

Das 18. Loch als strahlender Kristall in der lockeren Versammlung funkelnder Perlen. Auch eine Mischung aus anmutiger Idylle und kultivierter Dramatik.

In den Fängen der Farben

Ring of Kerry Golf & Country Club

Das alte Königreich Kerry, ohnehin seit jeher die Creme aller irischen Golf-Grafschaften, hat sich mit dem im Sommer 1998 eröffneten »Ring of Kerry G & CC« einen weiteren Brillanten ans Zepter geheftet.

Der Name ist Programm, liegt der neu angelegte Platz doch oberhalb der Kenmare Bay an einem der szenisch reizvollsten Abschnitte der gleichnamigen Panoramaroute, einige Kurven südwestlich vom überdrehten Killarney entfernt. »Einfach zu schön«, befand der Romancier William M. Thackeray angesichts des Blicks auf die Bucht, die an die unteren Etagen des Platzes wie ein geschmolzenes Hufeisen anschließt.

Besonders das Mittelstück der Runde folgt dem Vorsatz, sich an die Geometrie, die Weite und Transparenz der Umgebung zu halten.

Sie hat jeden Grashalm der Löcher im Visier, während im Rücken die tropfenden Berge der Scraha Mountains die Sicht einfängt. Dazwischen veranstaltet die Natur ihr irritierend betörendes Spiel mit den Schattenfarben des Moores, den feurigen Akzenten, die Ginster und Rhododendren zu setzen im Stande sind. Eine Stelle zum Verweilen und Verirren.

Designer Roger Jones konnte nicht anders, als sich dieser Kulisse zu unterwerfen. Aber er hat den Dingen eine neue Kontur gegeben. Mit fast 7000 Yard Länge ist dabei auch ein »Riese« herausgekommen, dem man freilich beibrachte, auf Zehenspitzen zu tanzen. Am Ende waren mehr als 100 000 Tonnen Sand verbraucht, um dem Kurs seinen spezifischen Untergrund zu geben, sodass wir es heute mit dem wohl ersten Inland-Links zu tun haben, einem ins Landesinnere translozierten Küstenplatz.

Indes, in den Sand gesetzt wurde hier nichts. Dagegen alles auf Licht gebaut, eine nahtlose Verschmelzung mit der ursprünglichen Topographie. Nur kurzzeitig erstarrt die Fauna in der Eröffnung, wo sich Felsgestein in die südliche Milde mischt und mit dem 4. Loch schnell der höchste Punkt des Geländes erreicht ist. Erst am langen 8. senkt sich das Tableau wieder, und der blinde Teeshot mit seiner engen Landezone lässt den Atem stocken.

Aber eigentlich fesselnd ist in dieser Phase gewiss das 9. Loch, eine Kür für Könner: ein hüpfendes, kurzes Par 4, das dazu einlädt, ein Insel-Fairway mit dem Eisen zu treffen, um dann mit

hohem Approach auf dem Weg zur Fahne den See rechter Hand zu ignorieren.

Wie eine rosarote Schleppe ziehen über 8000 Rhododendronbüsche die Holes nach der Wende hinter sich her. Hier alarmieren das als doppeltes Dogleg konzipierte, heftig kupierte 11. oder das kurvenreiche Par 4 am 14. Das Grün hat sich vor einem Forst eingenistet und die Turbulenzen beim zweiten Schlag geraten erst spät ins Blickfeld.

Ein Trio gerader, aber lang gestreckter Par 4 wird dem Score nicht schmeicheln wollen. Freilich, Kerrys Karte ist nicht komplett ohne sein

fulminantes Finale: ein Par 3 als Antwort auf den Schluss des viel besungenen Mahony's Point, ein Drama über 197 Yards. Sein Titel: »The Beauty and the Beast.« Die »Schöne« ist das Grün unmittelbar am Saum der Bucht. Das »Beast« kommt in Gestalt eines Sees daher, der, rund wie ein gefülltes Weinglas, keine Abweichung verzeiht.

Der Blick vom zweistöckigen Clubhaus aus, eine Art Cottage für »Besserverdienende«, bündelt noch einmal alle Eindrücke der vergangenen Stunden. Ein Ort, um sich zu verspäten. Aber das ist hier keine Schande.

Kerry kennt auch Stellen, die so melancholisch sind wie fallendes Laub.

61

Ausblicke aus meinem Golfbag

ROSSLARE GOLF CLUB

Noch bis vor wenigen Jahren galt Rosslare als ein Platz, auf dem man sich nach der Seereise die Beine vertrat oder die Zeit verkürzte, wenn man die Fähre nach Hause verpasst hatte. Aber dann haben sie der »Sandbankinsel«, so der alt-irische Name, ein neues Facelifting verpasst, nahezu sämtliche Grüns erneuert und dem alten Meisterschaftsplatz aus dem Jahre 1927 noch weitere neun Löcher angehängt. Mittlerweile konnte auch der Kampf gegen die Erosion gewonnen werden, sodass heikle Stellen, wie das 18. Grün oder das 16. Fairway, trotz vieler Bunker wieder sandfrei sind. Der Platz duckt sich hinter einer flachen Dünenformation und sucht gekonnt nicht den Kontrast, sondern die Verschmelzung mit dem küstentypischen Gelände.

Unterwegs allenthalben Höhepunkte wie das 7. Loch, das sich zwischen hohen Dünenwänden hindurchschlängelt, oder das 4. mit seinem Ausnahmegrün. Gratis gibt's bisweilen schöne Ausblicke auf die See.

DROMOLAND GOLF CLUB

Wie ein Traum von einem irischen Märchenschloss taucht Dromoland Castle, nur wenige Kilometer vom Flughafen Shannon entfernt, in einem riesigen Landschaftsgarten auf. Eine prunkvolle Herberge, die sich eitel in dem See zu ihren Füßen spiegelt. Auf ihren Etagen ließe sich bequem eine Inszenierung von Oskar Wildes Stücken realisieren. Früher verloren sich neun Löcher ziemlich unauffällig in dem 300 Hektar großen Hotelpark. Sie waren kaum der Rede wert, dafür aber geeignet, sich nach einem opulent zelebrierten Mahl, das den Vorstellungen vornehmlich amerikanischer Touristen für feine europäische Lebensart nahekommt, die Füße zu vertreten.

Die Erweiterung auf 18 Löcher hat dem Image des Komplexes gut getan. Der hügelige Ablauf lebt vom Wechsel waldgeschützter Partien auf den ersten neun Löchern und offener, pastoraler Passagen nach der Wende. Der Natursee, auf dem man einen Nachmittag im Boot verbringen könnte, ohne sich zu langweilen, greift auf drei Löchern ins Spiel ein. Am schönsten ist es hier am frühen Morgen, wenn sich der riesige Reh- und Hirschbestand nicht von den Spielern stören lässt.

Dromoland Golf Club

WATERFORD CASTLE GOLF & COUNTRY CLUB

Der erst 1993 eröffneten Anlage sieht man ihr Alter nicht an. Das mag an dem prächtigen Baumbestand liegen, der sich über das Terrain verteilt, oder am Schlosshotel, einem efeuumrankten Monument aus dem 18. Jahrhundert. Seine Ursprünge reichen bis ins 12. Jahrhundert zurück und verschaffen der Gesamtkulisse eine herrschaftliche Note. Zudem liegt der Platz auf einer kleinen Insel, für die eine Ausdehnung des Suir-Flusses verantwortlich ist. Das Golfabenteuer beginnt also mit einer kurzen Fähranfahrt, die in eine andere Welt führt.

Tour-Veteran Des Smith hat sparsam formuliert, die gewellten Spielbahnen für sich sprechen lassen und nur gelegentlich »Gemeinheiten«, etwa in der Sequenz der Löcher 3 bis 5, auf das Rasenfell gepackt.

CARLOW GOLF CLUB

Vor der »grünen Revolution« galt Carlow als führender Inland-Course Irlands – obwohl mir bei dieser Bewertung nie recht klar war, welcher Kategorie dann Killarney zugerechnet werden müsste.

Eine ereignisreiche Runde am Rande einer ereignislosen Stadt. Ausgeprägter Waldbestand kennzeichnet die Strecke, die vom abwechslungsreichen Rhythmus flacher und hügeliger Partien profitiert. Auf moorig-sandigem Boden geht es sich wie in Hauspantoffeln und die federnde Erde vermag auch dem ermüdenden Bein eine Spur von »Frühling in den Füßen« einzuhauchen.

Da eine Schwalbe, wie es heißt, mit nur einem Flügel nicht aufsteigt, hat man keinem

geringeren als T. Simpson die Konzeption übertragen. Seinen begnadeten Blick für wirkungsvolle Kleinigkeiten verraten die schön modellierten Potbunker, den souveränen Umgang mit dem Raum ein nie nachlassender Abwechslungsreichtum bei gleichzeitiger dramaturgischer Geschlossenheit.

Sechs Par 4 jenseits der 400-Meter-Marke lassen erst gar nicht den Verdacht aufkommen, man habe es mit einem »Schmusekurs« zu tun. Die nahen Kuppen der Blackstairs Mountains taugen allemal für den passenden, stimmungsvollen Hintergrund.

WEST WATERFORD GOLF CLUB

Pat Spratt ist Landwirt. Auch wenn man ihn in einen schwarzen Anzug stecken würde, könnte er seine Herkunft nicht leugnen.

Aber er ist schon längst nicht mehr mit Traktor und Mistgabel unterwegs, sondern hat den Sprung ins Golfbusiness gewagt. Herausgekommen ist eine in Eigenregie harmonische und entspannte Runde, die feine Blicke auf die Come-

Waterford Castle
Golf & Country Club

ragh Mountains und die Drum Hills zulässt und auf der sich der Blickley River nicht genügend wundern kann über die geänderten Aktivitäten. Eine breit-behäbige Angelegenheit, die nur phasenweise Probierlust erkennen lässt und gewiss niemandem Fallen stellen will.

Gold Coast Golf Club

Eine neugierige Faust streckt die Dungarvan Bay in die Irische See. Fuchsien nicken in fröhlichen Büscheln von Mauern herab und bedecken die sanften Hänge mit einem leuchtenden Patchwork. Die Heiterkeit des Südens und atlantische Strenge reichen sich die Hand. Auf dieser Linie ist der Gold Coast Golf Club, benannt nach einem Pub um die Ecke, seit 1996 beheimatet, obwohl er bereits 60 Jahre existiert. Der Platz kokettiert mit einem Grün, dem 5., das im Labor erfunden sein muss, und dem wilden Spiel der Wolken. Ein schneeweißer Leuchtturm grüßt die Spieler im Bereich der Wende, während Möwen das Geschehen eskortieren.

Aber Gold Coast ist nicht nur eine Bilderflut, sondern ein Platz, der die Erwartungen an eine technisch brillante Herausforderung erfüllt. Unter den vielen Vorzeigelöchern ragt sicher das 15. heraus, dessen Teeshot einen Ellenbogen der Küste überfliegen muss. Ein prickelndes Unterfangen, das uns auch schon am kurzen 8. begegnet ist.

Faithlegg Golf Club

Einmal in der Gegend, die bisher wegen ihrer Kristallverarbeitung Weltruhm erlangt hat, sollte man fünf Meilen den Suir flussabwärts die Anlage Faithlegg in Angriff nehmen. Das Areal, direkt am Flussufer gelegen, ist so großzügig bemessen, dass die 18 Löcher ohne wesentliche Eingriffe in eine gewachsene Parklandschaft angelegt werden konnten. Ein Musterbeispiel ökologischer Vorgehensweise.

Das elegante Clubhaus aus dem 18. Jahrhundert, die alte Kirche hinter dem 2. Grün und einige Überreste antiker Vorratsräume, die sich tunnelartig in das Fairway drängen, machen die Runde auch zu einem Gang in die Vergangenheit.

Tramore Golf Club

Tramores Championship-Kurs windet sich, hinter einem Bergrücken angelehnt, durch stillen Forst, moorreichen Grund und Abschnitte, wo sich Farn und Heide zu Hause fühlen. Dem wohl bewaldetsten Platz der Insel sieht man es nicht an, dass hier vor 30 Jahren noch kein Strauch gestanden hat. Buchstäblich fortschreitend fühlt man sich an den Schwarzwald erinnert. Die oft isoliert gelegenen Löcher mit ihren großzügig bemessenen Grüns geben jedem Golfer die Möglichkeit, sein Können zu testen.

Am 4. etwa, wo sich das Fairway auf zwei Etagen flügelartig ausbreitet und den geübten Akteur in Versuchung führt, die kürzere, aber gefährlichere linke Seite anzusteuern. Nach der Wende besticht vor allem das 12. Loch, das blumen- und pflanzenreich einlädt, an der Wunderwelt der Botanik teilzunehmen. Ein Par-5-Klassiker ist das 16., wo sich auf dem Weg zum hoch gelegenen Grün ein quer laufender Bach für den zweiten Schlag oder die Annäherung in den Weg stellt.

Das aussichtsreich gelegene Clubhaus bietet als willkommene Zugabe auch Übernachtungsmöglichkeiten.

GLENGARRIFF GOLF CLUB

Würde dieser Platz über die »volle Distanz« gehen, man müsste ihn in einem Atemzug mit Killarney nennen. Aber leider verfügt die Anlage nur über neun Löcher bei Par 62. Sie liegt oberhalb des gleichnamigen Dorfes. Von findigen Tourismusleuten wurde der Slogan Glengarriffs als das »Nizza Irlands« in Umlauf gebracht. »Das zerrissene Tal«, wie die Übersetzung aus dem Gälischen lautet, zeichnet sich durch eine üppige Vegetation aus. Fuchsienhecken, Rhododendren und Azaleen sorgen auch an grauen Tagen für südliche Stimmung auf der Runde. Die hügelige Partie lebt vom Atem des milden Golfstroms. Unübertroffen ist der Blick vom 8. Grün auf die Gärten von Garnish Island, die am nördlichen Ende der Bantry Bay wie bunte Sommersprossen hingestreut sind.

Mit Glengarriff trägt man beste Gartenerde in den Spikes mit nach Haus und verlässt den Club, als hättee man sich in einem eingefriedeten Landhaus über einer Tasse goldenen Tees, sahnebewölkt, und einem warmen Rosinengebäck trefflich unterhalten.

PARKNASILLA GOLF CLUB

Wie eine Trutzburg thront das Great Southern Hotel in Parknasilla auf einem Felsen oberhalb des Kenmare Rivers. Man muss schon ein wenig aufpassen, um nicht vorbeizufahren, da es sich vor neugierigen Blicken durch einen weitläufigen Park verbirgt. Wer sich sein Erbe vorzeitig hat auszahlen lassen, sollte einen Aufenthalt ins Auge fassen und den hoteleigenen Platz – übrigens kostenlos – spielen. Er grenzt unmittelbar an den Palmenhain und den Hotelgarten, den ein Heer von Gärtnern und milde Regenschauer zu einem subtropischen Paradies haben gedeihen lassen. Die hügelige und waldreiche Hängepartie wird man nie leid. Dafür sorgen nicht nur die immer wiederkehrenden Ausblicke auf die Bay inmitten eines mediterranen Umfeldes, sondern auch einige vorzügliche Löcher. Am 6. Loch, einem kurzen Par 4 von etwa 246 Metern, scheint das Birdie vorprogrammiert. Aber wer die hart an der rechten Buschgrenze über Hänge, Senkung und Felsnase verlaufende Ideallinie verpasst, wird sich am Ende getäuscht sehen.

Die gut gemeinten Veränderungen haben der Runde im Laufe der Zeit einiges von ihrem früheren Biss genommen. Das 8. jedoch bedurfte einer Kosmetik. Noch immer ist es, mit seinem hoch gelegenen Abschlag, von dem aus der Drive in ein wellenreiches Tal erfolgen muss, das Vorzeigeloch.

George Bernard Shaw hat zwar hier nicht gespielt, sich aber auf langen Spaziergängen inspirieren lassen. Wenn die Erweiterung auf 18 Löcher in Kürze verwirklicht ist, wird Parknasilla mehr als ein optisches Ereignis sein.

Alle Fairways enden am Meer

UNTERWEGS AN DER WILDEN WESTKÜSTE

An den Küsten von Kerry sind die Bestseller der Insel wie durch ein Brennglas gebündelt. Der Links als Summe einer Landschaft und ihrer spielerischen Möglichkeiten kündet vom Zauber der Ursprünge des Golfsports (rechts Tralee).

Mit ungezählten Buchten buhlt das Meer um die Grafschaft Kerry. Mit riesigen Polypenarmen greift es tief ins Land. Von einem ordentlichen Abschluss der Schöpfungsgeschichte, die die saubere Trennung von Wasser und Land im Sinne hat, wagt angesichts dieser Topographie niemand zu sprechen. Markant ragen fünf größere Halbinseln in kurzen Abständen weit in den Atlantik hinein.

Fünf Plätze sind es auch, die sich fest im Gedächtnis der sehnsüchtigen Pilger aus aller Welt eingegraben haben und den Ruf Irlands als Golfparadies begründen: Waterville, Ballybunion, Tralee sowie, als nördliches Anhängsel und schon in der Grafschaft Clare gelegen, Lahinch. Sie profitieren von ihrer unvergleichlichen Lage direkt an der Küstenlinie und ihren überragenden Layouts.

Killarney hingegen, dem wir im vorigen Kapitel begegneten, ist im Bunde der »Big Five« der Farbtupfer landeinwärts.

Wer in dieser Grafschaft unterwegs ist, tut gut daran, die »verordneten«, gleichsam offiziellen Pfade zu verlassen und eigenen Entdeckungen zu trauen. Dooks, an der südlichen Dingle Bay gelegen, stünde dabei ganz oben auf meiner Liste. Auf diesem reizvollen Platz, der vom Tourismus bisher weitgehend verschont geblieben ist, scheint die Zeit stehen geblieben zu sein, obwohl man das Greenfee heutzutage auch nicht mehr wie früher unter einer ausgedienten Milchkanne deponiert.

In keiner Debatte, die das beliebte Thema diskutiert, welche Ecke der Welt die besten Plätze beherbergt, darf das Wort Kerry fehlen. Wer diese Grafschaft übergeht, sei überhaupt nicht befugt mitzureden, wird zuweilen behauptet.

Oder, wie es der Romancier Rudyard Kipling in seinem lakonischen Stil formulieren würde: »Wenn die Tante des Priesters nie Schnaps probiert hat, wie soll sie dann den Geschmack von Champagner beurteilen?«

Am Saum der See

Keiner kommt zufällig nach Waterville. Streng genommen wird die abseits gelegene Ortschaft zwar von der Panoramaroute des »Ring of Kerry« gestreift, dennoch ist für die Mehrzahl der Reisenden Killarney das südwestliche Ziel.

Der kommerzielle Schatten der Touristenstadt lag schwer über dem einst verschwiegenen Revier für Einzelgänger, in dem sich höchstens Angler und Vogelbeobachter verloren und Cessair, die Enkelin von Noah, nach der Sintflut gestrandet sein soll. Nicht ohne Neid blickten die Dorfbewohner zum immer wohlhabender werdenden Killarney. Ihr Gang, ihre Kopfhaltung, selbst die Art, wie sie ihr Bierglas hielten, all das deutete auf ihre Benachteiligung hin. Mit den sechziger Jahren kam die Änderung. John A. Mulcahy, ein betuchter amerikanischer Geschäftsmann, nähte dem scheinbar ausrangierten Bettelrock einen Goldrand an, indem er der Gemeinde einen feinen Küstenstreifen abkaufte und mit sicherem Gespür für eine Gewinn bringende Investition seinen Golfplatz baute. Seitdem hat Waterville Golf rasch an Reputation gewonnen. Ballinskelligs Bay am westlichen Ortsrand ist schließlich eine Ecke, in der die Vorgaben für schönstes Seaside-Golf geradezu ins Auge springen. Seine kaum zu übertreffende Lage hat die meisten Kritiker dazu verleitet, den Emporkömmling auf eine Stufe mit Ballybunion und Royal County Down zu stellen.

Die Runde, wie aus der Zeit gefallen, verläuft heroisch entlang der Bay, wird von drei Seiten durch die offene See umspült und gelegentlich durch den Bachlauf des Inny beeinflusst. Wenige windgeschützte Stellen wechseln mit den offenen Partien der Ostseite, wo man an manchen Tagen Mühe hat, sich überhaupt auf den Beinen zu halten. Und die Frage muss erlaubt sein, ob es angesichts der exponierten Lage sinnvoll war, eine Gesamtdistanz weit jenseits der Schmerzgrenze von 7000 Yards zuzulassen.

Irlands sonst mutiger Stararchitekt Eddie Hackett vermied es, die Dünen sogleich von allen Seiten zu attackieren, und die gewiss grandios gespreizte Eröffnungssequenz erzählt noch nichts vom Reichtum der Raumfluchten, auf die wir nach der Wende stoßen werden. Erste Alarmzeichen rufen der mächtige Crossbunker

Auf einem Links sind Idyllen Willenssache; jeder muss gleichsam seine eigene innere Toskana mitbringen.

des 2. Loches sowie die süperben 400 Meter des folgenden 3., dessen Grün direkt an die Uferseite des Inny hin verlegt wurde, hervor. Unerwartet taucht ein neu gesetzter Tümpel vor dem 4. Grün auf, sicherlich an dieser Stelle ein Stilbruch. Vielleicht wollte man aber auch bewusst den Grundriss zwischen Tradition und Moderne markieren.

Trotz eines quer verlaufenden Grabens bietet sich die beste Birdie-Chance am 7., einem der wenigen »Drive and pitch«-Löcher, dessen Grün exotisch von Palmen gesäumt ist.

Allerdings, die unverfälschte Links-Atmosphäre wittern wir erst auf den »Home«-Löchern. Sie räkeln sich prachtvoll eingebettet im heiklen Netz der Dünen und locken mit knuspriger Haut.

Unübertroffen balanciert dabei das famose 11. Loch mit welligem Auslauf zwischen den Sandhügeln. Longhittern eröffnet sich die Gelegenheit, das hoch gelegene Grün mit zwei Schlägen zu erreichen. Andererseits vermag das Par 5 durch die Barrikaden strategisch gesetzter Bunker ungeachtet seines Namens »Tranquility« erhebliche Turbulenzen auf der Scorekarte auszulösen.

Immer jedoch hat das Wetter das letzte Wort. Wie auch am hübschen 12., Par 3, das die Bezeichnung »Mass Hole« trägt: In der Deckung seiner verschwiegenen Mulde unterhalb des Grüns wurde in den Zeiten der Unterdrückung der Katholiken die heilige Messe heimlich gelesen. Ursprünglich war vorgesehen, die Fahne

Mit triumphaler Selbstsicherheit durchschifft das 11. Fairway die Dünen.

dort zu platzieren. Die heimischen Bauarbeiter weigerten sich aber, diese Stelle anzutasten, weil sie ihnen heilig schien. Einen treffenden Beinamen hat man auch dem 14. angehängt: »The Judge«, ein Dogleg nach links, zwingt sprichwörtlich zur Entscheidung, will man mit dem zweiten Schlag das hoch in die Dünen geschnittene Grün nicht verpassen.

Himmel und Erde wurden bewegt, um den Abschlag des 17. Tees am höchsten Punkt des Platzes zu errichten. Ein Hügel, der sich unter dem Firmament wellt wie eine Fahne aus Gräsern. Vor dem dramatischen Hintergrund der See ist der betörende Rundblick fast irritierend. Für die Aufgabe, das fast 200 Meter entfernte Grün bei Gegenwind zu treffen, scheint kein geeigneter Schläger in der Tasche zu sein.

Das 18. Loch schließlich entpuppt sich als überaus schwieriges Finale: Der Strand verläuft parallel zum rechten Fairwayrand, ist als »out of bounds« gekennzeichnet, sodass der vorsichtige Akteur gezwungen wird, seinen Ball möglichst nach links zu lavieren. Dort freilich wartet auf den Übervorsichtigen nichts als üppiges Rough.

Mr. Mulcahys Asche ist längst, so wie er es gewollt hatte, neben dem 17. Abschlag verstreut. Waterville jedoch ist springlebendiger denn je. Ein Wandel auf einem schmalen Grat: Der Absturz liegt nahe, aber auch das Gelingen, auf einer Bühne, die jeden Tag ein neues Stück zu inszenieren weiß.

Als wär's ein Stück von ihm

Tralee, West Barrow, ein Name wie ein Trommelwirbel, ein Platz wie aus Meerschaum geboren. Eines der ehrgeizigsten Projekte der jüngeren irischen Golfgeschichte und die aktuelle See-Ergänzung zum außergewöhnlichen Paket der Grafschaft Kerry. Heroisch gelegen am Eingang der Halbinsel Dingle, wo sich die Landmasse unmerklich aufzulösen beginnt in Buchten und geheimnisvolle Tore. Mit ihren weit in den Atlantik hereinragenden Vorgebirgen und den ausufernden Klippenvorsprüngen scheint sie sich jedenfalls mit einem abgeschlossenen Kapitel der Schöpfungsgeschichte nicht abzufinden.

Tralee ist das Debüt einer lebenden Legende, Arnold Palmers erster Entwurf in Europa. Wer bislang glaubte, des Meisters starke Hände seien kaum in der Lage, einen Besenstiel zu zeichnen, sieht sich getäuscht. Freilich konnte er hier nahezu verschwenderisch alle Register ziehen und angesichts der Vorgabe eines, wie er richtig erkannte, »God given piece of land« mit dem dicken Bleistift arbeiten. Eine Filmkulisse als Tätigkeitsgebiet, Hollywood hat hier gedreht. Der feine Sandstrand, die bizarren Klippen und Buchten, sie waren die Kulisse für den erregenden Freiheitsfilm »Ryan's Daughter«. An stürmischen, nebligen Tagen kann ich mir hier aber auch eine Inszenierung von »Macbeth« vorstellen. Die Gegend ist rauh. In Sichtweite des 1. Tees ist mühelos ein halbes Dutzend gestrandeter Schiffe auszumachen. Barrow leitet sich vom gälischen Wort »Beara« ab. Damit sind wie Lanzen unvermutet aus dem Meer stoßende Felsspitzen gemeint.

Stranden kann man aber auch ohne weiteres auf dem Kurs. Zwischen dem 12. und 17. Loch, dem Paradestück des Platzes, traut man seinen Augen nicht. Erosionsartig die Dünenhügel, Bunker wie Eckzähne, die sich scharf und unerbittlich in die schmalen Fairwaywindungen hineindrängen. Indes, an einen Kandidaten für das achte Weltwunder, wie manche Stimmen proklamieren, vermag ich nicht zu glauben. Der eher pastorale Verlauf zwischen dem 4. und 10. Loch erinnert daran, dass wir uns auf Farmland befinden und der Links-Charakter über die vollen 18 nicht durchführbar war. Trotz dieses Tributs an die Topographie sind die Höhepunkte der Runde damit nicht den zweiten 9 vorbehalten. Bereits am 2. und 3. treffen wir auf Löcher, die in feinster irischer Wolle eingefärbt sind. Der Abschlag des abfallenden, in einer lang gezogenen Linkskurve verlaufenden 2., ein Par 4, liegt gefährlich nahe am Klippenrand. Niemandem kann ich den Versuch anraten, mit einem kontrollierten Slice der Strecke einige Meter abzuknöpfen. Der zweite Schlag sollte die äußerste linke Fairwayhälfte favorisieren, da das schön proportionierte Grün achsenversetzt zur Mittellinie der Spielbahn liegt – eine Pointe, die auf kluges Kalkül schließen lässt.

Unterhalb der Fahne, die wie die Spitze eines Segels über dem hoch gelegenen Ufer thront, nichts als breiter Sandstrand und krachende Wellen. Weiter östlich sind die Überreste von »Randy Quay« auszumachen, einem berüchtigten Schmugglernest.

Der Auftakt ist einem
Steilkliff abgerungen,
in das die Brandung
einen weit geschwun-
genen Torbogen gewa-
schen hat (Loch 3).

Auch am folgenden, kurzen 3. spielt der Atlantik maßgeblich mit. Ein verirrter Ball ist hier ein verlorener Ball. »The Castle«, wie das famose Par 3 heißt, hängt wie ein kühner Adlerhorst über den Klippen. Seinen Hintergrund bildet die Ruine Barrow. Es ist ein Rundturm, errichtet nach der Vorlage von Heinrich VIII. Er war davon überzeugt, dass Kanonenschüsse leichter an einem runden Wall abprallen würden. Nicht schützen kann sich das Grün vor der Wucht der Elemente. Wiederholt wurde es überspült, zuletzt ausgerechnet an einem Karfreitag. Geschichte also auf Schritt und Tritt.

Gleichwohl, die Hymne der Runde gebührt dem zweiten Durchgang. Eine Hängepartie in grandioser Küstenlandschaft, ein Luftspiel der Natur. Das 11., ein 531 Meter bergan zu spielendes Par 5 mit seinem kleinen Mäuerchen im Vorgrünbereich ist trotz seines jugendlichen Alters ein Beispiel dafür, dass Golf seit mehr als 500 Jahren eine demütigende Angelegenheit ist. Den heftigen Gegenwind in der Nase frage ich mich, wie Arnold Palmer selbst das Par hier zustande brächte.

Der anschließende Abschnitt bis zum 17. ist schlicht ein zauberhafter Ausbruch aus jedem geregelten Schema; eine tollkühne Kür zwischen Klippen, Senken und Riffen, mit dem Geruch von Torf, Seegras und Meersalz als stimulierenden Begleiter. Aber auch ein Spagat zwischen Verzückung und Verzweiflung. Als Amphitheater komponiert das lange 16. Zwischen hoch gelegenem Abschlag und Grün keine rettende Stelle für das kurze Eisen (oder auch Holz), nur ein gähnender, verwitterter Graben, der Herz und Schläger brechen kann. Bei Westwind bleibt nichts anderes übrig, als couragiert auf das Wasser zuzuhalten und dann abzuwarten, wie die Brise die Aktion wieder gerade biegt.

Das beste Par 4 kurz vor Schluss. Die ansteigende, nach rechts abknickende Spielbahn erfordert einen akkuraten Drive in die linke Fairwayhälfte. Sollten Sie hier nach rechts abirren, wird Sie Ihr Spielpartner für lange Zeit aus den Augen verlieren. Nach hoffentlich geglücktem Treibschlag muss ein delikater Approach folgen, um das in den Hang geschnittene, nach vorn geneigte Grün zu erreichen. Die ganze Mühsal wird belohnt mit einem heroischen Fernblick:

Westlich liegen weite Teile der Dingle Peninsula, südlich die geheimnisvollen Schatten der Slieve Mist Mountains und zu Füßen die, wie James Joyce schreiben würde, »rotzgrüne« See. Überall kann das Auge unbegrenzt spazierengehen. Mit unendlich alter Wut schlägt das Wasser auf den Strand. Es riecht nach Salz und nicht nach Sonnenöl. Das 18. strebt geradewegs auf das Clubhaus zu. Für viele, die auf dem schwierigen Kurs gescheitert sind, ist der Rundblick vom Fenster im 1. Stock eine wahre Labsal. Es gibt also mehr als 18 Gründe hierher zu kommen.

Einmal im Jahr tritt die Stadt übers Ufer, wird überschwemmt von Menschen, schäumt und singt mit der Brandung um die Wette. Im August wird die »Rose von Tralee« gewählt, eine Art Misswahl auf irisch. Tralees wilde Blume freilich gedeiht draußen an der See.

Am spannendsten ist Tralee dort, wo er sich selbst davonläuft, fast hinaus auf das Meer (Loch 17), und die Dünen gegen die Schwerkraft der Welt aufbegehren.

Das Kleinod der Kreuzkröte

DOOKS GOLF CLUB

Die Begegnung mit Irlands Golflandschaft ist oft mit einer Reise durch die Zeit verbunden. Nicht selten wirken die Plätze wie romantische Stillleben, die der Gegenwart entronnen sind.

Dooks ist ein solcher Ort. Sein Name leitet sich vom Gälischen ab und bedeutet »Kaninchengehege«. Offensichtlich haben diese Tiere »Greenkeeper-Blut« in ihren Ohren. Sie sind mit verantwortlich für den guten Platzzustand. Die Arbeit auf dem Grün überlassen sie freilich der Kompetenz einiger Dorfbewohner. Dooks ist ein Leisetreter im Bannkreis weltberühmter Plätze der Grafschaft Kerry. Er drängt sich nicht auf und belohnt den, der ihn findet. Sie dürfen also nicht das verwitterte Schild in der Ortsmitte von Glenbeigh verpassen. Es weist Ihnen den Weg über einen kaum befestigten Pfad zur Golfanlage und aus diesem Jahrhundert heraus. Das Clubhaus erinnert an ein umgestülptes Fischerboot, wurde aber kürzlich fein restauriert. Es ist nicht übertrieben, Dooks als einen der köstlichsten kleinen Links zu bezeichnen. Der nördliche Horizont wird begrenzt durch den Brandon Mountain und die Slieve Mist Mountains. Unter einem unruhigen Himmel spiegeln sich ihre Formationen im Castlemaine Harbour wider. Weiter südlich verfängt sich der Blick in den Konturen des »Ring of Kerry«. Betörende Bilder allemal.

Die Gesamtszenerie wird eindrucksvoll beherrscht von den Macgillycuddy's Reeks, der höchsten Erhebung Irlands. Seine Gipfel bilden den Hintergrund für das kurze 13. Loch. Dieses Par 3 ist nicht lang, allenfalls 130 Meter. Sie werden also das Grün nicht verfehlen können. Dann erst jedoch beginnen die Probleme. »The Saucer« verfügt über die abenteuerlichsten Grünbewegungen, die Ihnen je in Ihrem Leben begegnen werden. Wie ein Fisch im Aquarium verlaufen ihre Linien in alle denkbar möglichen Richtungen und Stufen. Wer heute so ein Grün entwerfen würde, würde verbannt, ebenso der, der es wagte, es zu verändern. Es ist eine kostbare Antiquität, ein Loch wie »außer Dienst«. Fast hätte ich vergessen, anzumerken, dass es auf einer Art Hochbühne liegt, von der man nicht mehr fort will. Dooks mag mit seinen etwa 5500 Metern bei Par 68 nicht lang erscheinen. Der ständige Seewind gestaltet die Aufgaben jedoch schwieriger, als die Entfernungsangaben es vermuten lassen. »Per ardua ad astra«, ein altes lateinisches Motto, heißt die Aufforderung, die auf Ihrer Scorekarte steht. »Durch Mühsal zu den Sternen« also, ein ernst zu nehmender Hinweis, sich nicht von der Kürze und den landschaftlichen Reizen der Runde betören zu lassen. Beim 3. Loch etwa, nur 270 Meter lang, scheint die Birdie-Chance auf der Hand zu liegen. Aber selbst mit gelungenem Drive, der im Vorgrünbereich zur Ruhe kommen kann, hat man seine Schäfchen noch nicht im Trockenen. Die Fahne steht, wie es scheint, auf der Spitze eines

Heißluftballons und verträgt nicht die geringste Abweichung. Obwohl bei dieser Partie alle 14 Schläger zum Einsatz kommen und acht erst kürzlich hinzugefügte Bunker das Leben nicht leichter machen, liegt Dooks' größter Vorteil in seiner elementaren Abgeschiedenheit.

Außerhalb der Feriensaison begegnet Ihnen hier keine Menschenseele. Man ist allein mit der klaren Atlantikluft, die die Farben leuchten lässt. Sanddorn- und Ginsterbüsche geben den Erhebungen und Senken fast übermütige Farbtupfer. Dieses Patchwork sieht der Maserung einer Kreuzkröte nicht unähnlich. Das selten anzutreffende Tier steht ganz oben auf der Liste schützenswerter Arten. Ausgerechnet hier, zwischen den Schlusslöchern 14 bis17, hat es sein Dorado gefunden. Es ist, folgerichtig, die einzige Kröte, die stolz eine Clubfahne ziert. Das Revier ist so verschwiegen, vielleicht auch so romantisch, dass es der Bischof von Galway vorzog,

sich über Jahre hier mit seiner amerikanischen Geliebten zu treffen. Erst kürzlich flog die Liaison zum Entzücken der Regenbogenpresse auf.

Das fabelhafte Schlussloch, ein mäßig langes Par 5, erinnert daran, dass Golf seit mehr als 500 Jahren ein rätselhaftes Spiel ist. Auch nach zwei gelungenen Hölzern werden Sie nicht wissen, wohin die Reise weitergeht. Keine Spur von einem Grün ist zu wittern. Nur ein riesiger Sandhügel taucht im Vordergrund auf, der für etwas nützlich sein muss. In der Tat deckt er das tief dahinter gelegene Grün ab. Den Standort der Fahne auszumachen ist unmöglich und wäre – aber wer weiß das schon – nur vom Abschlag des 3. Loches denkbar gewesen.

Zugegeben, eine geheimnisvolle Art, die Runde mit einem blinden Schlag zu beenden. In jedem Fall ist aber ein blinder Schlag nur bei erster Gelegenheit blind, und Dooks, da bin ich mir sicher, wird man öfter spielen. Es ist ein Kleinod nicht nur für die Kreuzkröte.

Spätestens am 3. Grün wird deutlich, dass Dooks nicht der arme, kleinwüchsige Vetter im Kreis großer Namen von Kerry ist.

Zwischen Wasser, Wind und Wolken

BALLYBUNION GOLF CLUB (OLD)

Ballybunion ist kein Paradeort. Kein Kloster ist hier zu besichtigen, kein Heiliger hat sich hierhin verirrt.

Der ernsthafte Sammler reicher Golferfahrungen muss indes wenigstens einmal in seinem Leben in Ballybunion gewesen sein. Draußen, im Tumult der Dünen, die von weitem schon zu sichten sind, liegt der möglicherweise beste Links der Welt, sicherlich der aufregendste. Mit seinem Namen verbindet sich ein schon fast mythischer Klang.

Ihn nochmals zu loben hieße, Eulen nach Athen zu tragen. Kein bedeutender Spieler dieses Jahrhunderts hat ihm seinen Respekt verwehrt. Persönlich sollte man den Hymnen anderer mit Vorsicht begegnen. Aber wo sie Recht haben, haben sie Recht.

Im Weichbild der herben irischen Südwestküste der launischen Dynamik einer Dünenlandschaft mit den denkbar steilsten Erhebungen ausgesetzt – kein Golfterrain kann brillanter eingebettet sein als dieses. Das von Wind, Wolken und Nässe verschlissene Gesicht der Roughs und Bunker wird beherrscht von der fast übermütigen Folge der Sanderhebungen. Sie halten sich nicht an ihre sonst übliche Formation und verlaufen parallel zum Wasser, sondern stechen diagonal wie schwere Eisbrecher in die Spielhälften ein.

Angesichts der genialen Streckenführung fällt es schwer zu glauben, dass Ballybunion nicht das Werk irgendeines Architekten ist, sondern wir seine erregende Vielfalt vorwiegend der kompetenten Hand von Mutter Natur verdanken. Jahrtausendealte Erosionen haben sich Mühe gegeben, die Botschaft des Golfsports in Originalschrift auf den sandigen Boden zu schreiben.

Zwar hatten Lionel Hewson und Moses O'Neill bei frühen, bescheidenen Anfängen mitgewirkt. Auch sollen Old Tom Morris und Tom Morris jun. geringfügige Fußnoten hinterlassen haben. Zuletzt wurde auch Tom Simpson mit der Blankovollmacht ausgestattet, den Platz umzubauen.

In schierer Weisheit entschied er jedoch, das Gelände, von unwesentlichen Änderungen abgesehen, unangetastet zu belassen. Nicht verkneifen konnte er sich allerdings, den rechten, tiefen Bunker der ersten Bahn seiner Frau zu widmen. Seitdem ist mancher Fluch auf »Mrs. Simpson« niedergegangen.

Die dramatisch kupierte Runde treibt ihr verwegenes Spiel mit der Steilküste. Immer wieder führt sie uns für eine kurze Phase an ihre Klippen heran, sodass das reizvolle Wechselspiel von offenen Seeabschnitten mit mehr oder weniger geschützten Partien »Inland« bis zuletzt gewahrt bleibt. Kein Architekt hätte sich angesichts dessen der Versuchung widersetzen können, seine vier oder fünf Vorzeigelöcher entlang der Küste zu platzieren.

Die Eigenheit der Küstenplätze, sich jeden Tag neu zu präsentieren und somit immer wieder Premiere zu feiern, hier kommt sie besonders zum Tragen. Kein Links ist mehr den Elementen ausgesetzt als Ballybunion. An den wenigen windstillen Tagen ist er auch vom Durchschnittsgolfer zu bewältigen. Zieht jedoch die Brise auf, verstehe ich jeden, der angesichts des vor ihm ausgebreiteten Durcheinanders zögernd den Rückzug antritt. Zunächst herrscht jedoch auf der ersten, einzig flachen Bahn der Partie Ruhe vor dem Sturm.

Das passt insofern in die Umgebung, als Sie Ihren Ball mit dem geringsten Slice auf dem angrenzenden Gemeindefriedhof begraben können. Patsy, der Starter, ein fröhlicher Scherzbold, der aussieht wie der Platz selbst, nämlich in Ehren zerfurcht und weise gealtert, kann Ihnen

versprechen, bis zum Ende Ihres Matches eine Grabstätte reserviert zu haben. Überraschend viele haben von diesem Angebot schon Gebrauch gemacht.

Doch bereits mit dem 2. Grün, das bergan in zwei Kuppen eingezwängt ist, hat man die oberste Etage des Parcours erreicht. Obwohl das Meer noch in sicherer Reichweite ist, fällt hier schon der Startschuß zu einem unvergleichlichen Tanz durch die Dünen.

Allenfalls die mäßig langen Par 5 der Löcher 5 und 6 bieten Gelegenheit, das oft strapazierte Selbstwertgefühl wieder zu stabilisieren. Das 6. Loch ist ein apartes Beispiel dafür, wie delikat der Approach zu einem völlig bunker-

Nicht nur die Landschaft wölbt sich zum atemberaubenden Rundpanorama, auch die feinen Grünkonturen tragen zum Ereignis bei und verhelfen Ballybunion zum Anker seiner Identität.

Eines der ersten Doglegs der Geschichte, das 17., findet erst am Saum der See und vor hohen Dünenwänden Halt.

losen Grün ausfallen kann, während am 7. die weit geschwungene Bucht erstmals voll ins Blickfeld gerät. Sein Grün liegt unmittelbar am lotrecht abfallenden Steilhang und wird fortwährend von Abbrüchen bedroht.

Einer Triangel gleich formieren sich die nächsten drei Löcher, während mit dem 11. eines der besten Par 4 der Golfwelt erreicht ist.

Das terrassenförmig abfallende Fairway mit Fernblick über Strand und Atlantik verläuft ausnahmsweise parallel zur See. Der Abschlag scheint nicht am Wasser, sondern im Wasser zu liegen und ist nur für schwindelfreie Akteure ein Genuss. Das leicht nach rechts abfallende und meisterhaft kupierte Grün erfordert die denkbar

präziseste Annäherung und muss bei vorherrschendem Westwind über den Klippenrand hinweg erfolgen.

Den geringsten Slice werden die Fluten in Empfang nehmen, und der Caddie wird den Verlust bedauernd mit der Bemerkung kommentieren, dass doch linker Hand eigentlich ganz Irland vor einem liege. Erst später wird man feststellen, dass auch diese Strecke gänzlich ohne Bunker ausgelegt ist.

Von keiner Menschenhand verdorben präsentiert sich das 15.: Auf diesem besten Par 3 der Runde muss die Entfernung zwischen dem hoch gelegenen Tee und dem Grün im weiten

Flug genommen werden. Wer zu kurz bleibt, landet unweigerlich in einem zäh bewachsenen, grünen Orchestergraben, in dem man nicht nur den weißen Ball, sondern auch seine Ausrüstung verlieren kann.

Zu den Höhepunkten in Ballybunion zählen auch drei Doglegs, die wohl ersten ihrer Art in der Golfgeschichte.

Herausragend in dieser Kollektion ist das 16., ein Par 4, das mit lang gezogener Linkskurve noch einmal den Kontakt zur See aufnimmt. Wer alles, nur nicht sein Temperament zu zügeln vermag, wird versuchen, die linke Ecke abzuschneiden. Dort freilich warten auf den langen Drive drei Fairwaybunker.

Ausgerechnet der abschließende Schlag der Partie führt zwischen riesigen Dünenbänken hindurch zu einem nicht einsehbaren Grün. Zugegeben, positiv an diesem Loch ist immerhin die Tatsache, dass die Fahne direkt neben der Clubhausbar steckt.

Zuvor muss jedoch eine Sandpyramide überwunden werden, die treffend »Sahara« genannt wird. Keiner wird es je wagen, dieses urzeitliche Ungetüm zu begradigen: Funde aus neuester Zeit belegen, dass sich hier bereits die Menschen aus der Bronzezeit ihr Süppchen kochten.

»Blind« ist diese Aufgabe jedoch nur beim ersten Mal. Ballybunion jedoch spielt man mit Sicherheit öfter.

Dasselbe Loch aus anderem Blickwinkel: Überall drängen sich Bilder von archaischer, fast bestürzender Schönheit auf.

Fairways auf der Wippe

BALLYBUNION GOLF CLUB (NEW COURSE)

Immer wenn es mir vergönnt war, mich auf dem »Old Course« abzumühen, habe ich heimlich auf das unmittelbar angrenzende Nachbargrundstück hinübergeschielt. Die majestätische Dünenwelt dort heizt die Phantasie aufs Heftigste an. Die Vorstellung, den windschiefen Rhythmus dort einmal mit Ball und Schläger auszukosten, war unwiderstehlich.

Fairways auf der Wippe, prall mit Abenteuern gefüllt.

Außer mir mussten noch andere diesen prickelnden Gedanken gehabt haben. Denn im Frühjahr 1981 glich dieses Gelände einer Baustelle und man ahnte sofort, dass hier an einem Projekt jenseits aller herkömmlichen Vorstellungen gewerkelt wurde. 18 Monate später hatte ich mein ursprünglich schlechtes Gewissen angesichts des unerhörten Eingriffs in die bis dahin unberührte Natur überwunden und die ersten Bälle verloren. Ballybunion New, ein Platz flippt aus. Was wir heute zu sehen bekommen, ist die Überschreitung jedes geregelten Grundrisses, die ungehemmte Lust an Asymmetrie und eine bisher nirgendwo erfahrene Balance der Gegensätze. Eine Partie, prall mit Abenteuern gefüllt, und eine dramaturgische Dichte, bei der sich die Ereignisse überschlagen.

Ballybunion New ist vor allem auch die Kür des Architekten Robert Trent Jones sen. diesseits des Atlantiks. Seine Chance, inmitten eines Dünengebietes, wie es bisher keinem Architekten zur Verfügung stand, Regie zu führen, hat er sich – obwohl schon auf dem Wege in den Ruhestand und reisemüde – nicht entgehen lassen.

Bekannt wurde der »Neue« schnell, berühmt, ja berüchtigt. Er wurde geschätzt, gewiss, aber ungern, wenn nicht widerwillig. Umstritten bleibt er bis heute.

Es gibt Stimmen, die ihn dem älteren Bruder vorziehen. Aus einer anderen Ecke freilich kommen Urteile, die nur ein »Windei« gesehen haben wollen und allen Ernstes für seine Begradigung plädieren. Die Diskussionen wiegen hin und her wie der Platz selbst und es scheint, dass die Sache noch einmal verhandelt werden muss.

Eines steht fest: Sobald man mit dem »New« Verbindung aufgenommen hat, gibt es kein Entrinnen mehr, sosehr man sich auch bemüht. Einmal mit diesem Flecken Golferde in Berührung gekommen, ist es um einen geschehen. Und mein archaisches Herz sagt mir, dass eine Aura testamentarischer Kraft über dem Turf liegt. Unbestritten ist indes, dass Trent Jones die Verhältnisse unterschätzt und die Grüns zu klein gestaltet hat. Wer sie verfehlt, wird Mühe haben, aufrecht nach Hause zu kommen. Der Altmeister der modernen Architektur unterstreicht sein Faible für den Ort durch regelmäßige Rückkehr. Zur besseren Inspektion hat er sich eigens ein Pferd zugelegt, das während seiner Abwesenheit von einem Caddie betreut wird. Wer Glück hat, kann ihn, hoch zu Ross sitzend, sehen, wie er auf diese ungewöhnliche Art das Revier abschreitet und für friedenstiftendes Redesign sorgt.

Auch war das Komitee gut beraten, das abenteuerliche 12., das sich zwischen grünen Wolkenkratzern verlor, auf ein Par 3 zu reduzieren und das 5. radikal zu kürzen.

Der Parcours wirkt auf den Erstbesucher wie ein leckgeschlagenes, auf die Seite geneigtes Schiff in schwerer See und reißt uns den Boden unter den Füßen weg. Die Runde gestaltet sich als atemberaubender Hindernislauf mit oft Schwindel erregenden Kletterpartien durch eine labyrinthisch verzweigte Steilküste. Natürlich sind die famosen Caddies hier wichtige Geleiter; aber man wird das Gefühl nicht los, ein Sherpa wäre der richtige Mann an der Seite. Nur im östlichen Bereich der Löcher 5 bis 7, wo sich der Fluss Cashen sein Mündungsterritorium verschafft hat, flacht das Terrain ein wenig ab.

Am meisten überrascht, auf einem Platz zu spielen, der dem gleichen Jahrgang entstammen müsste wie sein berühmter Nachbar. Es ist durchweg das authentische Tableau eines in die

Nur im Mündungsgebiet des River Cashen beruhigt sich der Puls der Partie etwas.

Zur verblüffenden Dramaturgie dieses komponierten Chaos gehört auch das Gefühl, einer Runde mit schon vielen Jahren auf dem Buckel zu begegnen.

Jahre gekommenen Links mit seinen zügellosen Fairwayschwingungen, ungezähmten Roughs und brillant gesetzten Bunkern. Die interessant geformten, wenn auch viel zu kleinen Grüns haben sich die natürliche Lage von Senken und Erhebungen ausgesucht. All dies ist so typisch für Ballybunion. Anklänge an die besten Merkmale traditionsgemäßer Platzbaukunst sind unverkennbar. Kein künstliches Hindernis stellt sich dem Spieler entgegen. Die aus den Anfängen des Golfsports herrührende geringe Anzahl von nur drei Par 5 fällt auf. Die haben es allerdings in sich. Zwar misst das 17. Loch lediglich 450 Meter, erfordert aber einen nahezu 200 Meter weiten Abschlag, bevor es durch ein beängstigend tiefes Tal hinweg weitergeht zum Grün. Dieses wird am Ende einer Steigung von gewaltigen Erhebungen umgürtet. Das kontrovers diskutierte 8. versperrt schon mit seinen 560 Metern Länge jede vernünftige Aussicht auf ein Birdie. Selbst der geglückte Drive landet in einer schwierigen Hanglage, von der man mit dem nötigen Eisen nicht allzu viel Boden gutmachen kann. Aus der Gruppe köstlicher Par 5 muss noch neben dem 10. Loch das 13. herausgegriffen werden. Mit seiner gähnenden Schlucht im linken Frontbereich und dem Rudel kleinerer Hügel rechts der Spielbahn wirkt es so, als habe keine Menschenhand an seiner Geburt mitgewirkt.

Mir liegt es fern, Sie zu einem Etikettenverstoß zu animieren. Aber sollten Sie einen Tag relativer Betriebsruhe erwischen und die freundlichen Leute im Sekretariat nicht hinblicken, schlage ich folgendes unvergleichliche Golfabenteuer vor: Man spielt das 1. und 2. Loch sowie die Strecke vom 10. bis zum 17. des Ballybunion Old, wechselt dann hinüber zum 11. Loch des New, um die Runde bis zum 18. als so genannten Composite-Course zu vervollständigen.

Eine gute Nachricht auch für alle, denen ein komfortables Clubhaus ebenso wichtig ist wie der letzte entscheidende Putt: Die alte Baracke ist abgerissen. Seit 1993 verfügt Ballybunion über ein neues Clubhaus in Panoramalage. Der Tag kann nicht besser ausglühen als hinter seiner nach Westen ausgerichteten Glasfront.

Aber im Grunde habe ich nichts berichtet. Auch ein himmlisches Menü kann man nicht beschreiben. Man muss davon kosten!

Trophäe der Tradition

Lahinch Golf Club

Nirgendwo hat sich das 19. Jahrhundert so schadlos durch die Neuzeit gemogelt wie in Lahinch. Das kleine Städtchen bezaubert durch seine pittoreske Lage an der Liscannor-Bucht, mit engen Gassen und ostereierfarbenen Häusern.

Die nahegelegenen Cliffs of Moher, jene 200 Meter aus der Meeresbrandung aufragenden Klippenvorsprünge, liegen sozusagen am offiziell verordneten Weg. Den ernsthaften Golfer berührt dies weniger. Sein Ziel, nach windungsreicher Fahrt über die engen Straßen der Grafschaft Clare, ist der Platz. Das Freilichttheater der 18 Löcher beginnt übergangslos am Ausgang des Städtchens und scheint mit diesem verschlungen wie ein keltisches Ornament. Den frisch eingetroffenen, seenaher Plätze unkundigen Akteur mag angesichts des völlig baumlosen und heftig bewegten Geländes zunächst ein »Kulturschock« treffen.

Gleichwohl überrascht die Zahl derer, die Lahinch zu ihrem Lieblingsplatz gekürt haben. Es mag nicht der beste Platz Irlands sein, aber durchaus derjenige, auf dem das Spiel ein diebisches Vergnügen ist. Gewiss, die Auseinandersetzung mit dem nie versiegenden Dünengewoge gestaltet sich nicht so dramatisch wie weiter südlich in Tralee oder Ballybunion, das Gefühl der Abgeschiedenheit fällt nicht so elementar aus wie nördlicher in Connemara oder Donegal. Als Gesamtpaket allerdings ist dieser Kurs mit seinem verschmitzten Charme durchaus eine

Klasse für sich. Das zweigeschössige Clubhaus entpuppt sich als »Kapelle der Behaglichkeit«. Der hier herrschenden Gastfreundschaft wird man sich ebenso wenig entziehen können wie dem hinreißenden Blick auf die See und Teile des Platzes.

An jeder Ecke stolpert man über Traditionen. Seit Generationen hält sich der Club eine Herde von Ziegenböcken als Wetterpropheten. Man muss daher auf Regen gefasst sein, wenn die Tiere sich langsam in Richtung des Schutzdaches beim Clubhaus bewegen. Umgekehrt spricht vieles für eine trockene Stunde, sollten sich die gehörnten Wetterfrösche, sagen wir, im linken Rough des 10. Loches aufhalten.

Als Clubprofessional wird nur eingestellt, wer auch die Prüfung als Clubmaker bestanden hat und auf Wunsch maßgeschneiderte

Ein Gelände wie ein ungemachtes Bett und ein Grün (das 7.), das Zwiesprache mit der See hält.

Schläger fabriziert. Da wir uns am Saum der See befinden, kommt der Abfall nicht in irgendwelche Eimer, sondern in ausgediente Hummerkörbe.

Gern wird Lahinch als das St. Andrews des irischen Golfs bezeichnet. Dieses verbreitete, ein wenig irreführende Statement – beide Plätze lassen sich weder topographisch noch platztechnisch vergleichen – stimmt insoweit, als dieser Ort mehr Golfatmosphäre zu verströmen weiß als jeder andere. Lahinch »isst und atmet« Golf. Der Kurs, der mit einem flachen Schlussabschnitt im Wohnzimmer seiner Bürger zu enden scheint, ist eng mit der Dorfgemeinschaft verwoben. Der örtliche Metzger kann von seiner Ladentheke aus den ersten Abschlag beobachten. Er wird sein scharfes Messer fallen lassen, falls er einen Freund dort sieht, mit dem eine Revanche auszutragen ist. Father Enda Glynn, der die 100jährige Geschichte Lahinchs in einem Buch festgeschrieben hat, ist hinter dem 3. Abschlag geboren.

Sofern es der Zufall will, können Sie mit dem früheren Staatspräsidenten Hillery auf die Runde gehen. Er wird Ihnen alle Tücken der Grüns erklären und nach spätestens vier Löchern das »Du« anbieten. Der Kurs selbst wirkt wie aus der Zeit gefallen und besticht durch ständig wechselnde Richtungsänderungen.

Die Fairways schlängeln sich in abwechslungsreichem Auf und Ab durch Gassen, die das dichte Dünengras gerade noch zulässt. Vom 4. Loch bis zum 15. Grün schauen wir unentwegt in das unebene und zerfurchte Gesicht eines typischen Links, das jeden Kanon moderner Golfarchitektur auf den Kopf stellt. Dabei hat kein Geringerer als Alister Mackenzie, der weitsichtige Architekt seiner Zeit, dem Layout seinen Stempel aufgedrückt. Mit keinem besseren Stück Land habe er je gearbeitet, entnehmen wir seinen Aufzeichnungen.

Freilich, Jahrzehnte zuvor war die Aufsicht über die ersten Spatenstiche Old Tom Morris angetragen worden. Sei es Zufall oder der Respekt vor der damals schon legendären Figur des dreifachen »Open Champion«: Seine beiden berühmtesten Löcher wurden in der Folgezeit nie angetastet. »Klondyke«, das 5., und »Dell«, das 6., haben als Sammelstücke eines jeden Golf-Gourmets überlebt. Das Gespann gleicht einer kostbaren Münze, die längst aus dem Verkehr gezogen ist.

Das kurze Par 5 »Klondyke« wirkt wie »außer Dienst« und gibt als museumsreifes Relikt die Spielstrategie längst vergangener Zeiten wieder. Vor der Jahrhundertwende war der direkte Weg vom Abschlag zur Fahne unbekannt. Die Spielbahn glich einer Anhäufung dicht gestaffelter Zielpunkte, wobei die Lage des Grüns häufig wie eine unberechenbare Fee im Geheimen blieb. »Klondykes« Drivepunkt liegt verschwiegen in einer von mächtigen Dünenwänden eingefassten Talmulde. Bei Gegenwind wird man den zweiten Schlag mit flachem Eisen vor die mächtige Querdüne platzieren, um mit dem dritten über diese Barrikade hinweg, möglicherweise auch über die Köpfe der am 18. Loch marschierenden Golfer, das Grün zu erreichen. Seine Position bleibt bis zuletzt verborgen.

An dieser Stelle blühte einst der Heringshandel. Die Fischer verkauften ihre silbrige Ware für wenig Geld an Leute, die von weit her kamen. Diese verdienten sich durch den Weiterverkauf anschließend eine goldene Nase. »Klondyker« werden zuweilen Menschen mit beträchtlichem Geschäftssinn genannt.

Noch kurioser präsentiert sich das 6. Es ist ein historischer Restposten. Jeden Architekten würde man verbannen, würde er es wagen, ein Loch ähnlichen Charakters zu konzipieren. Trotz seiner moderaten Länge von nur 142 Metern ist am Abschlag kein Grün in Sicht. Stattdessen zeigt ein blendend weißer Stein, den starke Männerhände bei jeder Veränderung der Fahnenposition bewegen müssen, die maßgebliche Richtung an. Das verdeckte Grün windet sich im engen Korsett vier mächtiger Sanderhebungen. Dort hat es nicht mehr Platz als zwischen der Schiebermütze und dem zotteligen Backenbart von Old Tom Morris.

Zu den wesentlichen Merkmalen einer herausragenden Runde zählt, inwieweit jedes der 18 Löcher selbständig und auf unverwechselbare Art zum Gelingen des Gesamtkomplexes beiträgt. In Lahinch haben auch die übrigen Par-3-Löcher daran beträchtlichen Anteil. Sie verlaufen in unterschiedlichster Windrichtung. Am 3., entlang dem Strandabschnitt, mit dem Atem der Stadt unmittelbar im Rücken, verlangt das wie ein »Christmas Pudding« erhöhte und ringförmig angelegte Grün Präzision.

Das kurze 11. mag man mit einem halben Pitching Wedge treffen. Die eigentliche Arbeit freilich erfolgt erst auf dem delikat nach rechts abfallenden Grün. Drei Putts sind keine Niederlage. Schließlich zwingt das lange 16. zum Griff nach dem Holz, verzeiht aber wegen seines großflächigen Puttareals kleinere Irritationen.

In Erinnerung bleiben wird das jüngst verlängerte 12. Loch oberhalb des Sandstrandes. Da dieser nicht zur Ausgrenze gehört, muss man von dort seinen verirrten Ball weiterschlagen und hat es möglicherweise mit dem längsten Bunker der Welt zu tun. Auch der Versuch, von Mackenzies Originaltee das 13. über die mysteriöse Schlucht linker Hand hinweg abzukürzen, wird einen noch im Nachhinein beschäftigen. Vor allem jedoch der prachtvolle Rundblick vom hoch gelegenen 9. Tee über die Wellen des 8. Fairways hinweg, die Küste entlang in Richtung Stadt und mit den Bergen Clares im Hintergrund, bleibt haften. Weiter westlich vervollständigen die Ruine des O'Brian's Castle sowie der Hafen des Fischernestes Liscannor die Aussicht.

Wenn die beiden langen Schlusslöcher nicht jeden zu befriedigen vermögen, ist dies nicht ihrer Qualität zuzuschreiben, sondern der überwältigenden Strecke zuvor.

Seit 1893 wird hier praktisch jeden Tag gespielt und fast ebenso lang die »South of Ireland Championship« ausgetragen. Es ist ein Volksfest für die gesamte Region. St. Andrews wird man das Attribut »Home of Golf« nicht nehmen wollen. Aber wenn die schottische Pilgerstätte die Heimat des Golfsports ist, befinden wir uns in Lahinch in dessen »guter Stube«.

Nirgendwo ist die Vergangenheit redseliger als in Lahinch: hier der Blick vom 9. Tee über die Fairwayfalten im westlichen Bereich.

Hinter dem Horizont

CEANN SIBEAL GOLF

Beinahe hätte ich ihn übersehen, den Platz von Ceann Sibeal (sprich: ki ohn schiweil), Europas westlichste Anlage, die sich am äußersten Rand der Dingle-Halbinsel versteckt.

Hinter dem Horizont öffnet sich auch eine Schleuse zur Unendlichkeit, verlässt man in Hochstimmung eine Runde, die man nicht sofort ins Herz schließt, aber von der eine eigenartige Faszination ausgeht.

Die Suche nach diesem »Findelkind« lohnt sehr. Ein außergewöhnlicher Links in einer abgelegenen Ecke, umarmt von einer atemberaubenden Szenerie und einer tosenden Stille. Wie sein Name schon andeutet, befinden wir uns in einer Gegend, wo die meisten Bewohner noch gälisch sprechen. Mit dem roten Ring, den die Männer an ihren Krawatten tragen, wird unterstrichen, dass man die Muttersprache beherrscht. Selbst die Möwen, die sich in die Ruhe einmischen, scheinen die Versuche auf dem Platz mit gälischem Gelächter zu begleiten. Mit nur 5900 Metern fehlt dem Platz zwar die Länge, um der Kategorie echter Meisterschaftsplätze zugerechnet zu werden. Aber alles Übrige, einschließlich seiner guten Verfassung, ist angetan, die Besten zu testen.

Die knusprigen Fairways springen davon, wie man es in Seenähe erwartet. Die subtilen Grüns neigen und wellen sich wie die Gezeiten des unterhalb gelegenen Ballydavid-Sundes. Ein kleiner Fluss treibt allerorten sein Wesen und neckt den Akteur auf nicht weniger als elf Löchern. Der Atlantik ist selten aus dem Blickfeld und immer im Ohr.

Spielerischer Höhepunkt ist die Passage zwischen dem 11. und 13. Loch, dessen Bahnen mehrfach vom Fluss geteilt werden. Nicht weit

von hier soll der abenteuerlustige St. Brendanus, Schutzpatron der irischen Seeleute, mit einem kleinen Boot zu einer Weltreise in See gestochen sein. Wer die 18. Bahn hinaufgeht, wenn sich die Sonne auf den Kuppen der Three Sisters niederlässt oder die letzten Strahlen dem Sybil Head widmet, mag glauben, einer gälischen Zauberformel zu erliegen.

So ähnlich müssen auch die zahlreichen Auslandsmitglieder, darunter mehr als 50 Deutsche, empfinden, die mit hartnäckiger Sehnsucht Jahr für Jahr hierher zurückkehren.

Abschläge im schönsten Abseits

VERABREDUNG MIT DEM HOHEN NORDEN

Der äußere Nordwesten Irlands ist keine Gegend leichten Genießens. Selbst die Eroberer haben ihn gemieden, sodass sich keltisch-irische Wesenszüge am reinsten erhalten konnten. Über der biswelen sperrigen Stein- und Wasserwüste mit ihren ausgedehnten Teppichen von Mooren, Seen und Flüssen, den weiten Sandstränden und steilen Klippen liegt ein Schleier der Schwermut. »Zu wenig zum Leben, zu viel zum Sterben«, heißt es über diese Wetterecke, wo dem Wind nur selten die Puste ausgeht und dunkle Wolken wie von magnetischen Feldern angezogen werden.

Shakespeare wusste, wohin er seine Könige schickte, und Cromwell soll keinen Unterschied gemacht haben zwischen der Hölle und Connemara, als er die Iren aus dem fruchtbaren Norden und Osten der Insel mit den Worten vertrieben hatte: »To hell or to Connaught!« Nur die Mutter Gottes scheint es hier wirklich gut zu haben, während selbst die Karnickel Rheumatismus bekommen.

Wohl als Reflex auf die Härte des Daseins konnten sich die Phantasien in den Köpfen der Menschen reichhaltiger entfalten. Feen und Fabeltiere fühlten sich deshalb hier besonders zu Hause. Auf einem Boden, der allenfalls für magere Hausmannskost taugt, gedeihen Legenden besonders gut. Dass die Grafschaften Connemara, Galway und Mayo abweisend grau seien, ist die größte Legende. In Wahrheit ist dieses Gebiet ein Garten der Farben. Nirgendwo erlebt man das Licht, das die Insel berühmt gemacht

Logenplatz im Naturtheater des Nordens. Wer sich von den touristisch »verordneten« Pfaden des Südens löst, wird auf Nebenwegen die Hauptsache finden und wie zufällig in Clubs stranden, die er sein Leben lang nicht vergisst.

hat, eindrucksvoller. Es verzaubert den Himmel und die Landschaft unter ihm. Die Wolken, die mit dem Seewind kommen und gehen, mischen das Blau der Hortensien mit dem schmetternden Gelb des Ginsters. Fuchsien und flammender Rhododendron kommen dazu.

Im Sommer ist das Licht die Attraktion, aber auch im Winter geht es selten aus. Die Fahrt auf gemütlichen Straßen durch einige der schönsten und einsamsten Gegenden Irlands ist reich an landschaftlichen wie an golferischen Entdeckungen. I am telling you.

Luft aus erster Hand

CONNEMARA GOLF CLUB

Nie habe ich die Elemente deutlicher gespürt als in Ballyconneely. Dort, westlich der Ortschaft Clifden, dem einzigen touristischen Stützpunkt, ist nach kurvenreicher, buckliger Anfahrt der Golf Club beheimatet.

Der Wind scheint aus mehr als vier Himmelsrichtungen zu wehen. Und man glaubt, bei lebendigem Leibe gesalzen zu werden. An manchen Tagen fällt es schwer, sich überhaupt auf den Beinen zu halten. Ausgerechnet hier erstreckt sich einer der längsten Plätze des Landes auf einem Gebiet, das nur aus Mutter Natur beschaffen zu sein scheint. Knorrig und eher mäßig bewegt verlaufen die ersten Spielbahnen mehr »Inland«. Prächtig eingebettet in das Dünengewoge gestaltet sich die »Home«-Runde.

Am Rande Europas liegt ein Platz, der aus den Farben des Himmels, des Meeres und der Moore gewebt ist. Die Fairways sind breit und offen angelegt, das dichte Rough dagegen zäh wie irischer Frühstücksbrei. Die meisten Fahnen der welligen Grüns ducken sich in Kuhlen und Kesseln.

Schutzlos ist der Akteur der Natur ausgeliefert: die landschaftliche Essenz westlicher Wildheit und Melancholie. Wer da verzagt, sollte sich der Hilfe eines ortsansässigen Caddies anvertrauen. Er wird Paddy, Sean oder Brendan heißen. Von ihm erfahren Sie mehr über Irland als in jedem Reiseführer. Wenn Lurcan, der Caddiemaster, seine Truppe am Morgen versammelt, sieht es aus, als sei eine Schar abenteuerlustiger Wanderschauspieler angetreten. Nicht alle Caddies sind Possenreißer oder haben den Stein von Blarney Castle geküsst, was einem die Gabe ewiger Beredsamkeit zuteil werden lässt. Aber sie verstehen es glänzend, nach verpatztem Schlag mit ihrem Spieler zu leiden, und verhehlen ihre Freude über jeden geglückten Putt nicht.

Den korrekten Abschlag am langen Par 4 des 2. Loches werden sie mit dem Kommentar begleiten, dort habe noch nie jemand hingeschlagen. Solche Hingabe muss sich einfach auf das Trinkgeld auswirken. Wer allerdings nicht zum Taschetragen aufgelegt ist, wird wie aus heiterem Himmel die Befürchtung äußern, es ziehe ein Gewitter auf, um den vorzeitigen Abbruch der Runde zu provozieren.

Der erste Durchgang spiegelt die Weite und Schlichtheit der Gegend wider. Besondere Vorkommnisse dürfen hier noch nicht erwartet werden, obwohl das lange Par 3 am 6. und das fulminant angelegte Grün des 8. Loches für sich allein schon jeden Umweg lohnen. Dieses nie langweilige, aber doch eher bescheidene Muster ändert sich buchstäblich schlagartig nach Passieren des 12. Grüns. Nunmehr bestehen die Dünen auf ihr Mitspracherecht und bestimmen manche Lage für Abschläge und Grüns. Auch unterbricht manche Felsformation den gewohnten Rhythmus. Es scheint, als habe sich die Frau von Inishbofin, einer Insel, die an klaren Tagen zu sehen ist, hierhin verirrt und ihr Unwesen getrieben. Der Sage nach schlug sie die ihr anvertrauten Kühe mit einem Stock, was zur Folge hatte, dass sich die Tiere augenblicklich in einen Felsen verwandelten.

Zwischen Gestein eingebettet liegt auch das 13. Seine 191 Meter gehören zum Besten, was ein Par 3 bieten kann. Der erhöht gelegene Abschlag gibt den Blick bis weit ins Hinterland von Connemara frei. An nicht wenigen Tagen sind die Berge von Twelve Pins zu sehen. Hinter dem fein konturierten Grün mit seinen drei gut verteilten Bunkern summt der Atlantik.

Ab hier und gegen den vorherrschenden Wind kann es zur Plackerei werden, mit Abstand nach Hause zu kommen. Drei Par 5 sind auf den letzten fünf Löchern zu spielen. Insbesondere das Schlussloch ist mit Gefahren gespickt. Rechts lauern Strand und Ausgrenze auf die geringste Abweichung des Drives. Wie eine klaffende Wunde taucht kurz vor dem Grün ein tückisches Rinnsal auf, das alle Pläne buchstäblich durchkreuzen kann. Das gewellte, ansteigende, von fünf Bunkern verteidigte Grün bedarf neben eines konzentrierten Auges möglicherweise doch noch der Hilfe Lungás, des Steuermanns des heiligen Patrick, um mit zwei Putts davonzukommen.

Ausgerechnet hier setzen sich die irischen Priester gern den irdischen Gefahren des Golfsports aus. Vielleicht liegt es daran, dass sie, wie man errechnet hat, dem Himmel zwei Zentimeter näher sind. Meist sind es Dorfpfarrer, die ihr Salär dadurch ein wenig aufbessern, dass sie

In dieser magischkargen Landschaft trifft man auf Bahnen, auf denen die Fauna in manchmal »seelenloser« Präzision zu erstarren scheint.

Die Begegnung mit
Connemara wird zu
einem Treffen mit
der Weite und der
Melancholie des
Nordwestens.

dem ahnungslosen Touristen ein Match anbieten und danach den Gewinn abknöpfen.

Bischöfe dagegen, so kann man erfahren, verachten Golf. Sie sitzen lieber beim Gaelic Football auf der Tribüne.

Die Priester, die auch ihre eigenen Meisterschaften austragen und auf drei Plätzen des Landes den Platzrekord halten, betrachten die Runde nicht als eine Form von Feldgottesdienst. Eher mit tätowierten Armen als mit gefalteten Händen betreten sie den 1. Abschlag. Ihr Schwung steht in keiner Anleitung, aber mit dem Eisen 1 scheinen sie mit dem Teufel im Bunde zu stehen. Man scheut sich nicht, den missglückten Schlag mit einem Fluch, der auch den Namen Gottes beinhaltet, zu begleiten.

Auch nach der Runde kann man sie, etwa an der Bar, weit neben den Pfaden konventioneller Seelsorge antreffen. Als Labsal vieler wird denn auch – wen wundert's – das Clubhaus in bester Panoramalage empfunden.

Für den Fall, dass noch einmal Arthur Rubinstein vorbeischaut, steht ein Klavier neben der Bar. Der frühere Bundespräsident Walter Scheel hat es dem Club für seine Gastfreundschaft geschenkt.

Von hier, wo der Westen sich in die Endlosigkeit verliert, kommt man so schnell nicht los. Erst recht nicht als Golfer in Connemara, »dem Hund des Meeres«, wie die Übertragung aus dem Gälischen lautet.

Aus dem Füllhorn einer Fee

BEARNA GOLF CLUB

»Wir haben Bemerkenswertes gesehen«, notierte Kolumbus über Galway, bevor er sich aufmachte, die »Neue Welt« zu entdecken. James Joyce hingegen fand die Stadt »so tot wie lebendig«. Der portugiesische Seefahrer konnte Bearna Golf Club nicht meinen bei seinem Statement und Joyce würde heute sein erstes Adjektiv bedenkenlos streichen, so innovativ, lebhaft, ja heiter gibt sich die von Richard de Burgo im 13. Jahrhundert gegründete »City of the Tribes«.

Nicht nur die Flachauster gedeiht hier vorzüglich, auch der anspruchsvollste Golfer kommt auf seine Kosten, kann er doch mittlerweile wählen zwischen dem ergrauten Galway Golf Club (gegründet 1893), Christy O'Connor's neuem »Bay Course« und eben Bearna als der Beute mit der »Perle«.

Zwischen Land und Wasser gelegen verströmt die Runde über stattliche 6174 Meter die ganze beunruhigende Schönheit des nördlichen Westens. Sie ist aus Fels, Moor, Ginster und Heide herausgehobelt worden und stemmt sich uns mit weit ausladender Symmetrie entgegen.

Die Grenzenlosigkeit nimmt den Atem, entführt den Blick. Die kuppigen Erhebungen der Hills of Clare beobachten das Treiben im Rücken. Ein gutes Dutzend Tümpel spiegeln den lautlosen Zug der Wolken wider. Aber natürlich sind es die Hüllen der Aran-Inseln, Bestseller Irlands seit dem Filmklassiker »The Man of Aran«, die das Auge fesseln.

Der Platz ist bunt wie deren berühmte Pullover, die, sollen sie denn echt sein, immer noch mit dem Gänsekiel gestrickt werden. Das Rough ist kratzig wie die zweite Wahl des Stoffes.

Nur Jack Nicklaus auf Mount Juliet und Arnold Palmer beim K-Club stand ein ähnlich verschwenderisch bemessenes Terrain zur Verfügung. Designer R. J. Browne hat diese Chance

In gemütlicher Verlassenheit schwimmt das 1. Loch fächelnd davon.

Eine Strecke zum
Streicheln, seiden-
weich und gelöst,
auch das ist Bearna
trotz aller Bewäh-
rungsproben.

am Schopf gefasst, duldet, außer am 10. und 11., keine zwei Löcher hintereinander in derselben Richtung und wirbelt die Partie herum wie ein Blatt an einem windigen Abend.

Brownes Arbeit ist an keiner Stelle Orna-ment. Sie unternimmt erfolgreich den sonst oft zu beobachtenden missglückten Versuch, die Harmonie des Raumes weder zu übertrumpfen noch sich ihr unterzuordnen. Es ist dies, bei Licht besehen, die grundlegende Fundierung einer bereits angelegten Ordnung. Dazu gehört auch, dass eine wenig befahrene Straße das Terrain teilt, mit der Folge, dass sieben Löcher nördlich und elf Löcher südlich von dieser angelegt sind. Aber selbst jene Vorgabe vermag den Kontext nicht zu zerstückeln.

Obwohl uns gleich auf den ersten Löchern drei Par 4 jenseits der 350-Meter-Marke begeg-

nen und das längste Par 3 mit 196 Metern alar-miert, sollte die Startphase dank breiter Bahnen gut genutzt werden. Denn Bearnas Parcours ist nachtragend. Oder, um es neutraler zu formulie-ren, die Runde hat ein langes Gedächtnis. Ver-säumnisse werden später betraft, doch dann umso heftiger.

Am Ende des ersten Drittels dominiert das Par 4 des 6. Loches. Auf der Scorekarte erhält es Stroke-Index 1 und jeder ist gewarnt: Hartnä-ckig begleitet ein Wassergraben den Spieler lin-ker Hand. Einer der zahlreichen kleineren Tümpel muss etwa 160 Meter vor dem Grün, das wie viele hier leicht angehoben ist, passiert werden.

Der Linksschwung, der einem weiteren Gra-ben folgt, liefert die »innere« Dynamik für das 7. Loch (510 Meter), während wir am 8. auf ein weiteres langes Par 3 stoßen (180 Meter), dessen trassiertes Grün nicht unbedingt die Anforderungen dämpft.

Den inneren Zirkel verlassen wir mit dem 10. Der äußere Ring bleibt vollständig dem Rest der Runde vorbehalten. In seinen ausgetüftelten, lichten Räumen regiert eine ebenso einfache wie selbstverständliche Ausgewogenheit. »Schaufenster« in dieser Sequenz ist zweifellos das 11. Loch, ein Par 4 von 345 Metern: Die kürzere, aber auch gefahrvollere Route führt über einen Ellenbogen von Loch Inch, der sich im gesamten südwestlich gelegenen Teil breit gemacht hat. Beeindruckend beherrschen nun die Aran Islands als gestaffelte Gebirge den Vordergrund.

Loch Toirmeasctha versperrt das Grün des 13. Loches. Am »Verbotenen See«, so die Übertragung aus dem Gälischen, genießen wir den Blick auf Natur, Geschichte – und ein wenig Magie. Hier trieben einst Feen ihr Wesen. Niemand hätte gewagt, sich ihnen zu nähern, wollte er nicht Gefahr laufen, von ihnen ertränkt zu

werden. Längst sind sie verschwunden. Aber irgendwie, so will es scheinen, müssen sie an diesem geheimnisvollen, naturfarbenen Flickenteppich, den der Regen wie eine Samtpfote zur Kenntnis nimmt, mitgestrickt haben. Vielleicht sogar mit dem Gänsekiel!

Starke Männerhände hingegen waren vonnöten, um den beachtlichen Moorkrater links vom 15. Grün mit über 100 Tonnen Felsen aufzufüllen. Nichts verrät der unscheinbare Bunker dort von dieser Transformation. Bearna bleibt trotz rasch wachsender Reputation ein verschwiegenes Revier.

Übrigens, wer hier bei starker Brise sein Handicap spielt, sollte sich die Scorekarte signieren lassen, sie einrahmen und aufhängen – und den Rest der Woche pausieren.

Die Aran Islands, der Stoff, aus dem man Bestseller strickt, begrenzen den südlichen Hintergrund.

Loge am Lough Corrib

ASHFORD CASTLE GOLF CLUB

Obwohl der Rundgang auf diesen Seiten durchwegs den Spuren größerer Plätze folgt, darf nicht verschwiegen werden, dass Irland über eine Reihe vorzüglicher 9-Löcher-Anlagen verfügt. Zu einem meiner Favoriten in dieser Kategorie zählt Ashford Castle.

Das Gebiet zwischen Lough Corrib und Lough Mask, eingerahmt vom melancholischen Tal des Joyce Country und der herben Bergkette der Partry Mountains, gehört zu den eindrucksvollsten Landschaften der Republik. Wo eine grüne Landzunge die beiden Gewässer trennt, liegt Ashford Castle respektheischend wie eine Trutzburg am Saum der Seen. Das schlossartige Ungeheuer ist, wie mir der Greenkeeper versicherte, nicht von den Guinness gebaut worden, sondern von Leuten, die das Bier der Familie trinken. Tatsächlich wurde der Bau ursprünglich im Jahre 1850 als Landsitz für Sir Benjamin Lee Guinness errichtet. Heute dient dieses Beispiel ausufernder Schlossphantasie als Luxusherberge und ist nach wie vor das Flaggschiff der irischen Hotellerie. Ein Haus wie ein historischer Roman.

In seinem weitläufigen Park, der einst der Hirschjagd diente, hat Architekt Eddie Hacket einen anmutigen Platz eingebettet. Wie durch einen botanischen Garten winden sich die schön gewellten Fairways vorbei an Magnolien und Azaleen und immer wieder an haushohen Rhododendronbüschen. Sie wuchern hier wie Unkraut und bilden mit dem prächtigen Baumbestand einen faszinierenden Kontrast zu der bisweilen strengen, spröden Szenerie der Grafschaft Mayo.

Ein Platz wie ein Salon. Lough Corrib, Irlands größter Binnensee, entzieht sich selten dem Blickfeld. Seine 365 kleinen Inseln – über ebenso viele Fenster verfügt auch das Schlosshotel – liegen auf der Wasserfläche herum wie verstreutes Spielzeug.

Der Augenschmaus ist auch in technischer Hinsicht eine Delikatesse. Mit Ausnahme des 5. Loches verlaufen alle Fairways kurvenreich und zwingen so zur Überlegung, ihrer Länge durch riskante Entscheidungen einige Meter abzunehmen. Die wohl überlegt angelegten, wie scharfe Bügelfalten präparierten Grüns müssen durchwegs im Flug erreicht werden.

Eine blank geputzte Messingtafel am 3. Loch, »Watsons Peak«, erinnert an den fünfmaligen »Open Champion« Tom Watson, der ebenso wie Tiger

Loge am Lough Carrib: Irlands größter Binnensee klopft an die Pforte des 9. Fairways.

Woods bei seinen Vorbereitungen zur Meisterschaft gern hier vorbeischaut und das Grün des 350 Meter langen Doglegs mit dem Abschlag zu treffen pflegt.

Auch eher sterbliche Akteure können sich die Chance auf ein Birdie ausrechnen, wenn sie riskieren, die linke Ecke der Waldschneise zu kappen. Freilich ist die hübsch verpackte Runde nichts für Statistiker, sondern selbst in Stunden finsterer Wolkenwände ein kleines Sonnenreich, das vor allem der Seele gut tut.

Laubwald und die weichen Konturen der Eichen- und Eschenhecken prägen das Mittelstück.

Im Banne des heiligen Berges

WESTPORT GOLF CLUB

Über dem Platz thront er, als sei dieser sein Fußschemel. An klaren Tagen leuchtet er mit blendenden Schattenfarben. Öfter jedoch ist sein Körper in Wolkenfetzen gehüllt und erinnert an einen Bettler im zerschlissenen schwarzen Rock.

Croagh Patrick, Irlands heiliger Berg, ist allgegenwärtig. Jede Spielbahn, jeden der 65 Bunker hat er im Griff. Am letzten Sonntag im Juli ist der Platz menschenleer. Dann zieht es alle hinauf zu dieser kahlen Bergkuppe, zuweilen barfuß, damit die Buße schmerzt. Gebete überfluten den Landstrich. Im himmlischen Lohnvergleich gilt die Wallfahrt nach Westport wie eine Pilgerreise nach Rom.

... und manchmal jagen westliche Winde die Fairways mit all ihren Farben.

Im sportlichen Vergleich ist Westport ein vergnüglicher Parkspaziergang. Er belohnt alle, die den Verstrickungen der Dünenplätze ringsum heil entkommen sind. Zwar wurde schon seit den zwanziger Jahren in Westport Golf gespielt. Als aber der in finanzielle Bedrängnis geratene Lord Sligo sein Land unweit der Clew Bay in den siebziger Jahren zum Verkauf anbot, nutzte der Club die Gunst der Stunde. Der Umzug hat sich gelohnt. Zunächst verraten die ersten neun Löcher nichts von dem Spektakel, das noch vor einem liegt. Die flachen Fairways sind breit und ausladend wie die von Linden gesäumten Doppelalleen der Innenstadt, eine für Irland einzigartige Auftragsarbeit, geplant und ausgeführt von James Wyatt.

Die flachen, mäßig gekanteten Bunker erinnern an die Harmlosigkeit der Heimat. Ihr krümeliger Sand ist gewöhnungsbedürftig und so dunkel wie das Vieh der Grafschaft. Wer glaubt, das ausladende Terrain hätte doch abwechslungsreicher gestaltet werden können, muss wissen, dass wir uns in einem Naturreservat befinden. Einschneidende Erdbewegungen waren beim Platzaufbau untersagt.

So wie das Wetter hier plötzlich umzuschlagen vermag, ändert auch der Platz, ohne Vorwarnung, seinen Charakter. Mit dem 11. Grün wird das Gebiet der Clew Bay erreicht, dessen Inselwelt die Bucht wie ein Haarnetz bedeckt. Eines der schönsten Par-3-Löcher schließt sich an und führt zum Herzstück der Runde.

Von schwindelnder Höhe stürzt sich die Bahn des 12. Loches kühn zum Wasser hinunter. Mehr als 200 Meter sind zu überfliegen, um das Grün im Tal zu treffen. Der Ball scheint endlos

unterwegs zu sein. Wem der Schlag nicht geglückt ist, kann sich mit dem schönen Rundblick auf die Bucht, den Hafen von Westport und Clare Island, ein Trotzköpfchen weit draußen im Atlantik, im Hintergrund trösten. Kaum Erholung verschafft das ansteigende 13. mit seinen Gebüschen links und den Bäumen rechts entlang des abknickenden Fairways.

Das letzte Par 3 der Partie mag ein mittleres Eisen verlangen, wird aber vor allem deswegen in Erinnerung bleiben, weil Croagh Patrick die Verlängerung der Fahnenstange bildet. Westports längstes Loch ist auch sein berühmtes. Gut 180 Meter benötigt der Drive vom hinteren Tee

des 15., um über eine Ecke der Clew Bay hinweg sicheres Gefilde zu erreichen. Damit ist das Par noch nicht gesichert. Ein langes Holz ist nötig, um entlang dem Saum der See Fortschritte in Richtung Fahne zu machen. Der delikate Approach zum leicht erhöhten und gefährlich nach links geneigten Grün bedarf noch einmal der Mithilfe des großen Schutzpatrons.

Auf weitem, pastoralem Weideland ist die Schlusspartie abgesteckt, eine Art Hindernislauf über Zäune und Torgatter hinweg, die neugierige Kühe auf Abstand halten. Im holzgetäfelten Clubhaus mit seinem riesigen Kamin wird man freilich keine Schranken vorfinden.

Croagh Patrick thront über dem Gelände wie ein Pilger im schwarzen Anzug.

Das Gebein eines Platzes

ACHILL GOLF CLUB

Wem das Golfspiel Raum und Zeit für weitere Leidenschaften lässt und wer, nehmen wir einmal an, schon immer das Werk Heinrich Bölls geschätzt hat, mag von Achill Island schon gehört haben. Auf diesem Eiland hatte sich der deutsche Literatur-Nobelpreisträger in den fünfziger Jahren seine Dichterklause eingerichtet und mit dem Erzählband »Irisches Tagebuch« das Bild der Deutschen von den Iren als liebenswerten, kinderreichen, bisweilen kauzigen Menschen nachhaltig geprägt. Die Insel, durch eine Brücke mit dem Festland verbunden, schiebt sich im äußersten Westen der Grafschaft Mayo ungestüm in den Atlantik hinein. Dieser zottelige Zipfel galt von jeher als das Aschenputtel des Landes.

Nicht immer gab es das tägliche Brot, aber fast immer den täglichen Regen. Wenn es Suppe regnen würde, kämen die Bewohner, so heißt es, mit Löffeln und Gabeln herausgerannt. »Mayo, God help us« war ein Stoßseufzer, aus tiefer Armut und Not geboren. Die Klage konnte nicht der Landschaft gelten. Zwischen Moor und Meer und vor der Kulisse der Slievemore Mountains mit ihren 600 Meter lotrecht ansteigenden Steilklippen, den höchsten Europas, hat sich der Golfplatz eingenistet. Im Hintergrund sehen wir die Reste eines Dorfes, Slievemore, unweit von Doogort. Über diese Siedlung, die während der Hungersnöte vor 150 Jahren aufgegeben wurde, schrieb Böll, sie sei »ein Körper ohne Haare, ohne Augen, ohne Fleisch und Blut: das Skelett eines Dorfes«.

Ähnliches muss der Golfanlage nachgesagt werden. Sie ist nicht mehr als das Gebein eines Platzes, ein Rohbau, der seit 100 Jahren auf seine Fertigstellung wartet, die Anatomiestunde einer Sportart. Man geht von Loch zu Loch wie ein Hausierer von Tür zu Tür, ohne recht fündig zu werden. Ein Stück erstarrter Asche in Grün.

Ein Platz, der jede ernst gemeinte Bemühung boykottiert. Das passt insofern gut hierhin, als kurz vor der Jahrhundertwende Maßnahmen der Arbeitsverweigerung gegenüber einem schindenden Verpächter namens John Boycott auf Achill Island durchgesetzt werden konnten. Das Wort vom »Boykottieren«, ein verbaler Exportschlager, hier stand seine Wiege. Die Abschläge ähneln abgesägten Melkschemeln, die Grüns umgedrehten Keksdosen. Blendend weiße Steine trennen die Spielbahnen voneinander, Steine, die wie Schafe aussehen. Zeit und Elemente scheinen alles weggenagt zu haben, was nicht Stein war. Die Fahnenstangen schmücken rote Fetzen, als Clubhaus dient ein ausrangierter Campingwagen. Ein nachdenklicher Esel schaut meinen Bemühungen verständnislos hinterher.

Nie würde ich Ihnen raten, sich möglicherweise hier Ihr Golfgemüt vergiften zu lassen. Wer aber wissen will, wo Heinrich Böll spazieren ging, ohne zu merken, dass er sich auf einem Golfplatz befand, sollte den Abstecher wagen. Wer immer schon vorhatte, Golf zu spielen wie vor 500 Jahren, muss auf Achill Island die Schläger auspacken. Die prickelnd klare Luft vom nahen Keem-Strand gibt's als Zugabe.

Schafe, die wie Steine aussehen, und zwei nachdenkliche Esel auf der Spur von Heinrich Böll: Achill als Anatomiestunde einer Sportart.

Mein lieber Schwan!

CLANN-LIR CARNE GOLF CLUB

Die Safari entlang der irischen Westküste steckt voller Überraschungen, manchen Entdeckungen und einer Sensation.

W er empfänglich für diese merkwürdig mitteilsame Einsamkeit ist und als wahrer Golf-Gourmet auch noch am letzten Tag seines Lebens nach einem unentdeckten Leckerbissen Ausschau hält, wird die Begegnung mit der Mullet-Halbinsel als Höhepunkt eines turbulenten Wildwest-Kapitels empfinden. Ausgerechnet hier, wo viele Spuren darauf hindeuten, dass mit Weltabgeschiedenheit nur karges Brot verdient wird, und die klare Seeluft von all den Abschiedstränen der Emigranten noch salziger zu schmecken scheint, verbirgt sich ein Juwel.

Im Land der Legenden ist ein Märchen aus Zwielicht und Stille entstanden. Schon immer galten die alten neun Löcher im zerfransten Dünengebiet der Erris-Küste als Geheimtip. Wie aber bereits früher die Eroberer diese abgeschiedene Ecke mieden, tauchten nur selten auswärtige Besucher auf. Dieser Zustand wird sich ändern, nachdem der Platz mit Hilfe eines Entwicklungsfonds der Europäischen Gemeinschaft, der strukturell schwache Gebiete unterstützt, auf die vollen 18 erweitert wurde. Eddie Hackett, Irlands viel beschäftigter Architekt, konnte dank der natürlichen Vorgaben mit einem Rohdiamanten arbeiten, dem nur noch der letzte Schliff gegeben werden musste. Die Strecke windet sich abenteuerlich durch ein Stück wilder, einsamer Westküste. Wege wie auf einer Wippe.

Die höher liegenden Abschläge geben, von einem Logenplatz aus, Ausblicke auf das Meer frei. Die Grüns tummeln sich teils in Mulden und Kesseln oder verteidigen, erhöht gelegen, den Schlagangriff wie kleine Trutzburgen. Alles entspricht dem Weichbild eines klassischen Links und lässt sich keinem Kalkül unterwerfen.

S elbst große Vorbilder wie Ballybunion oder Waterville gönnen sich einen ruhigen Start oder laufen, wie etwa Lahinch oder Royal Co. Down, flach aus. Nicht so Belmullet, der sämtliche Golfgeister bis zuletzt in Atem hält. Dabei ist der Platz trotz aller struppigen Turbulenz ungemein fair. Nur wer am 8. oder 17. mit seinem Drive zu kurz bleibt, muss mit einem blinden Schlag rechnen.

Wegen der naturbelassenen Struktur kommt die Anlage mit nur 18 Bunkern aus. Ganze sieben sind es auf den Löchern »out«, eine Zahl, die man zunächst ungläubig entgegennimmt.

Die Zeichnung der Grüns ist eine Augenweide und Studienobjekt für jeden, der sich ernsthaft mit Golfplatzarchitektur befasst. Insbesondere die neun »Home«-Löcher scheinen wie ein löchriger, grüner Schwamm halb im Wasser, halb aus ihm herausragend zu liegen und lassen an einen unfertigen Schöpfungsakt denken.

Vom 10. Tee, dem höchsten Punkt des Platzes, flutet die Runde in Schüben zur offenen See herab. Das unruhige Grün, die Bewegungen des Atlantiks erstaunlich imitierend, wird von derart hohen Dünen eingefasst, als habe es Hals-

Dem Rohdiamanten
brauchte Eddie
Hackett nur noch
Schliff und Struktur
zu geben: Das
15. Loch als »Ahnen-
galerie« aus Kratern
und Noppen.

Einem gälischen Mythos scheint das 18. Loch entsprungen zu sein. Auf einem Hochplateau gelegen, katapultiert das Fairway nach dem vorgestellten Drive in eine kraterartige Kummerfalte, die mit dem zweiten Schlag überflogen werden muss. Nach dieser Kapriole geht es in mehreren Stufen ansteigend zum Grün.

Das brandneue Clubhaus in Panoramalage, das in dieser Funktion den vormals verkehrsuntüchtigen Campingwagen abgelöst hat, bietet den perfekten Abschiedsblick. Kein Clubsekretär Irlands kann sich einer schöneren Aussicht rühmen. Gute Geschichten, so sagt man hier, soll man zweimal erzählen. Auch Clann-Lir muss man mehr als einmal spielen.

Im Frühjahr 1997, kurz vor seinem Tod, stattete Hackett, längst respektierter Nestor seiner Gilde, seinem Alterswerk noch einmal einen Besuch ab. Normalerweise dient eine solche Rückkehr dazu, die inzwischen sichtbaren Divots in Augenschein zu nehmen und die Stellen mit den meisten Grasnarben mit Bunkern zu versehen.

In schierer Weisheit ließ er alles beim Alten und blickte lediglich wohlgefällig auf sein Alterswerk, seinen »Schwanengesang«.

schmerzen. Lediglich am 12. Loch scheint die Phantasie dem Architekten einen Streich gespielt zu haben, wenn er den Spieler zwingt, nach dem Abschlag in einen lotrecht abfallenden Graben zu steigen und danach mit vertikalem Wedge das Plateaugrün zu erreichen. Es sind grüne Collagen, mit denen der Regisseur flächendeckend zuschlägt.

Gerade noch an einem grünen Faden hängt das 14. Tee am Festland, ein Par 3, dessen Richtung vom Leuchtturm im Vordergrund angezeigt wird.

Westwärts liegen wie vergessenes Spielzeug die Inishkea-Inseln, Inishglora und die Isle of Purity. Es sind dies Orte der Verbannung für die Kinder des Königs Lear. Clann-Lir, die gälische Bezeichnung für »die Kinder des Lear«, wurden von der eifersüchtigen zweiten Frau des Königs in Schwäne verwandelt und für 800 Jahre auf die Inseln geschickt. Ein schneeweißer Schwan ziert auch das Clubemblem.

Fenster mit Aussicht:
Kein Clubsekretär
genießt einen perfek-
teren Rundblick als
der von Belmullet.

Im Dunstkreis des Dichters

County Sligo Golf Club

Rosses Point, eine Halbinsel, die wie ein Angelhaken auf der Sligo Bay liegt, ist eine Gegend reiner Schönheit und Romantik.

Im Herzen eines Landstriches, den der irische Nobelpreisträger William B. Yeats in seinem poetischen Werk verewigt hat, empfängt einen die Aura verlockender Abgeschiedenheit. Schon die hügelige Anfahrt durch das Glencow-Tal, vorbei an Lough Gill, steigert die Gewissheit, dass dieser Golftag etwas Besonderes verspricht. Noch einmal nimmt der Golfstrom den Kampf gegen die kalten Winde siegreich auf, weckt den Katzengeruch des Ginsters, stellt Birken und korallenrote Vogelbeeren gegen das Violett des Heidekrauts und die hektischen rosa Flecken der Weidenröschen.

Draußen, am »Mundgeruch des Meeres«, liegt der Links von Rosses Point. Ein paar Meter weiter, nahe der Kirche von Drumcliff, die in Verlängerung des 10. Grüns zu sehen ist, befindet sich das Grab des großen Dichters. Das 9. Loch, entlang einer typischen irischen Steinmauer, ist Yeats gewidmet. Es trägt den Namen »cast a cold eye, one life, on death-horseman, pass by«. Mit diesem kleinen literarischen Kranz, geflochten aus vier Zeilen, bangt der Poet um die Verletzlichkeit der Schönheit und mahnt zur Besonnenheit. Für Rosses Point sollte man sich viel Zeit lassen.

Die besten Architekten ihrer Epoche, Colt und Alison, sind für das gegenwärtige Layout verantwortlich und haben den mächtigen Bergrücken direkt vor dem Clubhaus für die ersten vier Löcher und das 18. genutzt. Ungewöhnlich genug für einen Links zwingt also der Auftakt, eine Art Treppenleiter zu erklimmen.

Der steile Weg zum 2. Grün, dem höchsten Punkt des Platzes, ist jede Mühsal wert. Die gesamte Anlage liegt Ihnen zu Füßen und ist mit der See, den Hügeln und grünen Tälern wie zu einem aufgeblähten Segeltuch zusammengewebt. Im Rücken überwacht der sagenumwobene Tafelberg Benbulben als geheimnisvoller Opferstein die Kulisse. Wenn es das Wetter zulässt, sind gleich fünf Grafschaften in diesen perfekten Fernblick mit einbezogen.

Die Offiziere der elitären, alten Sligo Militia, die den Club vor 100 Jahren gründeten, erkannten offenbar nicht nur blitzschnell ihre Feinde, sondern wussten auch den optimalen Standort für ihr Freizeitvergnügen auszumachen. Da es gegen die Etikette wäre, hier ewig zu verweilen,

In die Ebene gesetzt das 8. Loch, ein Naturereignis des Lichts, des Windes und der Wolken.

Benbulben, Irlands
sagenumwobener
Tafelberg, beherrscht
wie ein geheimnis-
voller Opferstein
die Kulisse.

sollte man die Gelegenheit am kurzen 4. für einen Birdie-Versuch nutzen. Der Abschlag am 5. Loch explodiert in die Tiefe des flachen und see-nahen Parts der Runde.

Ein kleiner Fluss, auf eiligem Weg in die offene See, stört auf den Löchern 6 und 8, während der erste Durchgang mit einem reizenden Par 3 entlang einer Kammlinie abschließt. Die wahren Höhepunkte der Runde sind jedoch erst nach der Wende zu kosten. Die Sandhügel gewinnen an Größe, das wilde Dünengras wird dichter, die Fairways höckriger. Die Löcher 10 und 11 führen ein Eigenleben in der nördlichsten Ecke des Platzes, nahe der Kirche von Drumcliff, während das 12. direkt auf die See zusteuert. Es folgen ein hoher Schlag über eine Bucht und ein weiterer, erhöht gelegener Teeshot vom 14. aus,

das als eines der besten Par 4 der Insel gilt. Der Drive muss Raum schaffen für den zweiten Schlag über den Fluss und eine Ecke des Strandes hinweg. Ein Klassiker eigener Art ist auch das kurze 16. Es verläuft parallel zum Wasser, wobei gegen Wind nicht einmal der Driver ausreichen mag, Grünnähe zu finden.

Einem weiteren Höhepunkt begegnen wir mit dem 17. Es misst über 400 Meter und kommt, wie jedes vorletzte Loch, an strategisch wichtiger Stelle. Das nicht allzu enge Fairway verläuft zunächst ruhig in einer lang gezogenen Linkskurve zwischen zwei mächtigen Dünenkämmen hindurch, um danach abrupt einen imposanten Steilhang zu nutzen. Auf dessen Spitze liegt das schief geneigte Grün wie ein gekentertes Boot. Birdies sind hier Ausnahmen, Pars überaus selten und Desaster an der Tagesordnung. »The Gallery« wird dieses schwierige Par 4 treffend bezeichnet, liegt es doch wie eine Loge über dem Sund.

Wer genau hinschaut, wird im offenen Meer eine Figur mit ausgestrecktem Arm entdecken. Es ist der »Metal Man«, dem das 3. Loch gewidmet ist. Ein versteinerter Lotse, der seit 1842 dem Schiffsverkehr die sichere Passage weist. Ein »Fairway« in der See und historischer Hinweis darauf, dass viele Golfbegriffe der Schiff-

fahrt entnommen sind. »Ein Mann, der niemals lügt«, notierte Yeats über diese Figur. Sein Arbeitsplatz in der offenen See ist am »Punkt des toten Mannes«.

Es soll einen Seemann gegeben haben, der bei der Ausfahrt plötzlich verstarb. Mit dem Aufkommen der Ebbe mussten seine Kameraden den Unglücklichen in aller Hast im Wasser begraben. Da sie sich nicht sicher waren, ob er noch einmal zu sich kommen würde, steckten sie ihm eine gehörige Brotration in die Tasche. Rosses Point ist voll solcher guten Geschichten.

Ein unruhiger Fluss, der sich mit seiner hervorstehenden Mündung offenbar nicht abfinden kann, probt die Rolle eines Regisseurs auf der 8. Bahn.

Im Pakt mit der Natur

Enniscrone Golf Club

Einer meiner liebsten Entdeckungen liegt in einer Sackgasse. Es gibt eigentlich keinen Grund, die Nationalstraße von Ballina nach Sligo zu verlassen. So fahren auch die meisten gottlob am Enniscrone vorbei. Ein ereignisloser Ort, keine verwegene Vergangenheit, keine Ruine, nicht einmal ein Heiliger hat hier eine Fußnote hinterlassen. Und wenn die Bank von Irland mit ihrem Mobilfahrzeug anrückt, ist Donnerstag. Gewiss, es gibt einen kleinen Hafen und ein Stückchen Strand. Beides fällt indes nicht ins Gewicht.

Eine perfekte Kopie: das 17. als diebische Schwester von Troons »Postage Stamp«-Hole.

Wäre da nicht, fast zu übersehen, eine kleine Halbinsel außerhalb der Stadt, die wie ein Sporn in die Killala Bay ragt. Seit 1918 waren die Mitglieder des Enniscrone Golf Clubs auf der Suche nach einem geeigneten Standort für ihren Meisterschaftsplatz. Das zähe Warten hat sich gelohnt. Die flachen ersten drei Löcher, belanglos hintereinander gekoppelt, verraten nichts vom Charme eines klassischen Links und geben der Runde nur Richtung, aber keine Gestalt. Auch der breite Graben im mittleren Fairwaybereich des 4. Loches und das schön geschnittene Grün des Par 3 am 5. entlocken dem Spieler allenfalls ein Schmunzeln. Das ändert sich buchstäblich schlagartig mit dem 6. Loch, das dem Schwung der Killala-Bucht folgt. Ab hier schält sich der Platz aus seinem unscheinbaren Mantel und nimmt, wie von Meereswogen getragen, erregende Form an. Am sanft abfallenden Dünenhang des südlichen Areals klebt die Runde bis zum 9. Loch gefährlich nahe am Atlantik. Wer sich hier den geringsten »Hook« erlaubt, strandet unweigerlich.

Aber dieser Ablauf ist nur das Präludium für eine Passage, die nunmehr vom imposanten Gewoge der nördlichen Dünenlandschaft geprägt sein wird. Dramatik und Ästhetik sind auf den Löchern 9 und 10 wie durch ein Brennglas konzentriert. Hier schlagen die Spielbahnen Purzelbäume, wobei sich die kühne Annäherung zum 10. Grün, das von einem Hochgebirge im Taschenformat eingefasst ist, als Schlüsselstelle der Runde entpuppt. Wer zu kurz bleibt, dem läuft der Ball tief ins Tal zurück; wer übers Ziel hinaus schießt, muss mit einem alpinen Schiffbruch rechnen, da der steile Strandhafer unbespielbar zu sein scheint.

Im Umkreis dieses Amphitheaters haben sich während der Irischen Amateurmeisterschaften 1993 eindrucksvolle Dramen abgespielt. Mit dem 10. Tee haben wir das Zentrum der Dünen und den höchsten Punkt des Platzes erreicht. Bevor die Entscheidung getroffen ist, dieses bergab verlaufende Dogleg mit dem Drive über die Hügelkette rechts abzukürzen, sollte man den perfekten Panoramablick in sich aufnehmen: zu Füßen die malerische Bucht mit den Hügeln der Rosses, im Hintergrund die wuchtigen Ausläufer der Ox Mountains.

Die abwechslungsreiche Dramaturgie lässt auch im weiteren Verlauf nicht nach. Sie lebt vom Rhythmus, der zwischen Enge und Weite wechselt. Ein geschlossener Talraum, der jedoch alles andere als beengend wirkt und sich nach den verschiedensten Seiten öffnet. Die Fairways gönnen sich nur kurzzeitige Ruhepausen, um

dann umso kühner wie reißende Fjorde in die Dünen hineinzudrängen. Wo immer möglich, sind die Grüns in die Mulden und Kessel der Sandwälle hineinmodelliert.

Stararchitekt Hackett hatte sicherlich Troons 8. Loch vor Augen, als er das 17., ein Par 3, konzipierte. Ein Plagiat von nicht mehr als 130 Metern, mit einem Plateau-Abschlag und einem Plateau-Grün, dazwischen Niemandsland. »Postage Stamp« heißt das Loch in Schottland, da sein Grün nicht größer zu sein scheint als eine Briefmarke. Die geringste Abweichung genügt, um kostspielige Nachgebühr zu entrichten. Der blinde Treibschlag am 18. Loch führt zum Clubhaus zurück. Von seiner breiten Glasfront aus geht der Blick noch einmal ungehindert nach Westen. Enniscrones Schönheit scheint unbegrenzt.

Enniscrone erzählt auch von der Heiterkeit des Horizontes.

Wo die Möwen rückwärts fliegen

DONEGAL GOLF CLUB

Das Gasthausschild hing horizontal. »All four Winds« stand darauf und es schien mir, als hätte man sich verrechnet.

Ausgerechnet hier, wo das Wetter stets das letzte Wort hat, liegt der längste Platz der Republik. Trotz seiner Länge ein kurzweiliges Unterfangen, wobei die Auffahrt, einer Hexenregie zum Trotz, meilenweit durch einen dichten Tannenwald führt. Nach dieser irreführenden Spur ist das Golfgelände selbst den Elementen schutzlos ausgeliefert. Die Runde von über 6500 Metern bei Par 73 mag den Ungeübten überfordern. Aber keiner wird sich der prächtigen Kulisse entziehen können.

»Blue Stack Moun-
tains«, das 5. Grün,
gehorcht ganz der
vorgefundenen
Topographie.

Die Strecke verläuft, der lauten Welt gänzlich entronnen, entlang der weit geschwungenen Donegal Bay, wobei die blauen Schatten der Berge dieser Grafschaft und ein See im nördlichen Bereich kräftige Akzente setzen. Über dieser Folie hängen kreischende Möwen wie ein schwebendes Dach.

Das Layout entspringt einer Königsidee und ähnelt der genialen Vorlage des schottischen Muirfield. Die Frontlöcher umkreisen den Platz ringförmig, während die »Home«-Löcher ihr wildes Profil nach allen Seiten wenden. Wer die Schwierigkeiten einer Runde an der Elle ihrer Länge misst, kann nicht ganz falsch liegen. Aber da, wie man sagt, eine Möwe zwei Flügel zum Fliegen braucht, verfügt der Platz auch über einige technische Delikatessen. Damit ist insbesondere die Passage zwischen dem 5. und 9. Loch gemeint.

Sie ist das Kernstück der Runde und liegt mitten im beziehungsreichen »Valley of Tears«. Die Tränen im Tal sind längst vom Wind zweier Jahrhunderte getrocknet. Kummer neuerer Art mag das beste der überwiegend langen und schwierigen Gruppe der Par 3 bereiten. Von keiner Menschenhand verdorben sind die 170 Meter des 5. Loches in die natürlichen Turbulenzen eines Sandreliefs eingebettet. Das faltenreiche Grün imitiert die Silhouette der Blue Stack Mountains im Hintergrund, die einen weiten Himmel teilen.

Mit dem 6. Loch greift die nahe See auch visuell ins Geschehen ein. Hier und am Abschlag

des 7. könnte man länger verweilen: ein Logen-platz am Meer, der allerdings immer wieder von Überspülungen heimgesucht wird.

Sollte Architektenblut in Ihren Adern schlummern und Sie weitgehend ungestört auf der Runde sein, so empfehle ich, vom 8. Fairway das 10. Grün anzuspielen. Auf diese etwas un-konventionelle Weise kann man sich das denkbar schönste Par 4 selbst »zimmern«.

Den Sanderhebungen ein wenig entrückt, aber keineswegs weniger abwechslungsreich verläuft die Strecke nach der Wende. Der innere Zirkel bringt mit dem 12. und 16. die längsten

Par-5- und Par-3-Löcher der Partie mit ein. Der wohltuend breite Fairwayverlauf verzeiht jedoch auch größere Abweichungen.

Ins Rough sollte man trotzdem nicht kom-men – schließlich ist es widerstandsfähig wie ein Donegal-Tweedjackett. Und das soll angeblich ein Leben lang halten.

Auch die Eindrücke von dieser Runde, ge-webt aus Dünen, Wind und tausend Vogelstim-men, haften nachhaltig. Und manchmal, wenn alle Empfindungen zurückgelassen sind, stellt sich der törichte Wunsch ein, in diesem Bild zu leben.

Am 13. Loch wird das Märchen von den weißen Wolken noch einmal neu erzählt.

Aus der Zeit gefallen

NARIN & PORTNOO GOLF CLUB

Was wäre eine Golfreise durch Irland ohne Abwege, ohne die Lust der Umwege? Auf Nebenstraßen die Hauptsache finden, auf einem einzelnen Platz Impulse für ein ganzes Land bekommen – Narin & Portnoo ist solch ein Ort.

Eine in den offiziellen Katalogen nicht verzeichnete Ferienecke im Westen Donegals, wo sich trotz aller EG-Bemühungen die Straßen doch wieder zu Sträßchen wandeln und manches Fahrzeug im Dickicht des Ginsters Kratzer abbekommt. Die versteckten Fairways von Narin liegen im Dünenrevier der Gweebarra Bay, die mit fahlen, feingliedrigen Fingern weit ins Festland hineinsticht. Der erste, flüchtige Eindruck ist nicht sonderlich einladend. Das kleine Clubhaus im Schutz einer Sandkuhle ist von Caravans umstellt. Auch die Auslinie der 18. Bahn wird als Campingplatz benutzt.

Der freundliche Clubsteward empfing mich mit einer Hilfsbereitschaft, die der Menschheit von heute irgendwie abhanden gekommen sein muss. In einer Art Personalunion übt er mehrere Tätigkeiten aus: Er kassiert das Greenfee, verkauft wichtige Utensilien wie Bälle und Handschuhe, hat den Zapfhahn unter Kontrolle und bereitet wunderbare Sandwiches vor. Alles gleichzeitig. Er schien auch der Historiker des Clubs zu sein und unterrichtete mich über das Wesentliche seiner 100jährigen Geschichte. Vergilbte Fotos belegen, dass dieser Flecken von bezaubernder Kärglichkeit einst ein beliebtes und mondänes Seebad gewesen sein muss. Gentlemen im feinsten Zwirn entladen aus schweren Limousinen ihre Sportausrüstung und übergeben sie schlecht ernährten, barfüßigen Caddies. Wer zum Baden ging, hatte mehr Kleidung an als zum Kirchgang.

Der Blick auf die Scorekarte signalisiert eine kurze, keineswegs strapaziöse Safari. Der erste Drive über die linke Ecke des 18. Grüns unterstreicht diese Vermutung. Aber Narin & Portnoo ist nichts für voreilige Statistiker. Mit der Eile eines fliehenden Schafes auf höckerigen Hufen suchen die ersten sechs Löcher ihr Heil in nördlicher Richtung. Neben einigen versteckten Bachläufen ist wiederholt auf die Gilde einer verstreuten Kuhherde zu achten. Das Land gehört den Farmern, nicht dem Club. Der Pachtvertrag schließt das originäre Weiderecht nicht aus. Infolgedessen sind die makellosen Grüns als Schutz vor vierbeinigen Besuchern eingezäunt.

Der letzte Putt am langen Par 3 des 6. Lochs verrät nichts von dem, was nunmehr folgt. Zwar war schon von weitem ein Dünengebiet wie ein riesiges, ungemachtes Bett auszumachen. Hier jedoch, am 7., überrascht es den Akteur mit seiner Vehemenz. In seinem Weichbild, das mit dem meer verschmilzt, formiert sich ein Sextett von Löchern zu einer Art Ehrenrunde. Es ist ein Gang in abenteuerliches Gefilde, mit hoch gelegenen Abschlägen und tief gelegenen Grüns, die sich in den Nischen des Strandhafers ducken. Am 9. Loch etwa, wo der Drive schier endlos in Richtung Gweebarra Bay unterwegs ist, müssen mehrere Sandkrater überwunden werden, um

das hart an der See gelegene Grün zu erreichen. Am Nachmittag erhellen die vorgelagerten Sandbänke das Meer wie eine Unterwasserbeleuchtung. Die ästhetische Vielfalt der Passage mag so verblenden, dass man den Anforderungen des langen 13., Par 3, nicht gewachsen ist: Bei Gegenwind ist ein Holz über einen abgrundtiefen, schimmernden Golfgraben hinweg gefragt; das Grün liegt so verborgen, als habe es sich dem Spiel entziehen wollen.

Über einen lang gestreckten, sandigen Rücken, der den Blick grenzenlos über den Atlantik hinausträgt, geht es danach ohne Umschweife zum Clubhaus zurück. Die L-förmige Theke der Bar demonstriert, wo die Iren ihre Prioritäten setzen. Der längere Teil des Buchstabens dient dem Wohl von Leib und Seele, während der kür-

zere die Funktion eines Pro-Shops übernimmt. So eine Stunde hier verstreicht wie das lebendig gewordene Kapitel eines Romans von Brendan Behan. Zufällig traf ich unter den Mitgliedern auch Father McBride, den Gemeindepriester. Seit fast 20 Jahren hält er hier den Platzrekord mit 64 Schlägen. Viermal in der Woche geht er auf die Runde. Die Einwohner von Portnoo sind treue und folgsame Kinder der Kirche. Das verschafft ihm Zeit zum Training.

Man konnte auch in Erfahrung bringen, dass fast alle Caravanbesitzer Clubmitglieder sind. Irische Camper wissen, wo feine Fairways im Verborgenen liegen. Während ich noch meine Eindrücke ordnete, hatte mir der Clubsekretär schon längst einen Teller mit selbst geräuchertem Lachs gerichtet.

Besonders in der Passage der Löcher 7 bis 13 (hier das 9. Grün) mutiert Portnoo zu einem schwerelosen Terrain, auf dem man spielt wie auf einer Wolke unter einem maßlos weiten Himmel.

Donegals Dorado

CRUIT ISLAND GOLF CLUB

Vor mehr als einhundert Jahren schrieb der schottische Romancier Robert Louis Stevenson über das kalifornische Pebble Beach, dies sei ein Ort, »wo sich Land und Meer auf nobelste Art begegnen«.

Von Golfliteraten wird ihm deswegen vorgehalten, er habe es zeitlebens versäumt, in Ballybunion Golf zu spielen. Er würde sonst sein Urteil revidiert haben. Die so werten, waren noch nie auf Cruit (sprich: kritsch) Island. Wenn es zum Schwur käme, welchem Platz die Palme für das eindrucksvollste Naturschauspiel gebühre, könnte meine Wahl leicht auf diese kleine Insel im Westen Donegals fallen. Hat man einmal das Festland und damit alle Segnungen der modernen Zivilisation über eine schmale Brücke hinter sich gelassen, überwältigt den Besucher eine Küstenlandschaft, die kein Foto festhalten und der keine Beschreibung gerecht werden kann. Wie auf einem Schiffsdeck genießt man von den Aussichtsplattformen des Golfplatzes den Blick über die Insel und das Meer. Kincasslagh Bay mit seinen schimmernden Stränden liegt zu Füßen. Nördlich durchstößt Mount Erigal, Donegals höchster Berg, die niedrige Wolkendecke wie eine weiße Pyramide. Die menschenleeren Inseln von Owey und Aranmore wären mit dem Drive zu erreichen und dekorieren den Vordergrund wie mit kostbarem Schmuck. Doch der größte Mythos von Cruit Island ist das Licht, leuchtend, unbesiegbar auch an grauen Tagen.

Eine Aura archaischen Lebens liegt in der salzigen Luft. Nur eine sandige Straße durchschneidet das Eiland. Miesmuschelgrau oder weiß getüncht ducken sich reetgedeckte Cottages in grandioser Einsamkeit. Und im Vorübergehen riecht man den herben Rauch, an dem man Irland mit geschlossenen Augen erkennen könnte: Torffeuer. In exponierter Lage, wo die ohnehin schlanke Taille der Insel nochmals schrumpft, liegt die Golfanlage. Im Dialog mit den kolossalen Dünenbewegungen entwickelt sich eine atemberaubende Runde. Sie will gewiss nicht den höheren Weihen von Meisterschaftsplätzen genügen. Dafür ist sie zu kurz. Auch ist das Spiel auf den kleinen Grüns, die oft vom Flugsand heimgesucht werden, gewöhnungsbedürftig. Aber 18 verschiedene Abschläge gestalten die Partie doch viel abwechslungsreicher, als dies sonst ein 9-Löcher-Platz bieten kann.

Zwischen dem 5. Tee und dem 7. Grün zündet der Platz sein visuelles Feuerwerk und wird auch zur technischen Delikatesse. Hat man den hohen Sandhügel im Knickbereich des 5. Loches passiert, glaubt man seinen Augen nicht zu trauen. Das Grün liegt schwindelerregend direkt oberhalb der See auf einem Felsvorsprung. Im Sturm ächzt und wankt die rote Fahne wie ein Boot auf hoher See.

Kein Abschlag liegt weiter draußen im Atlantik als der des 6., wo der Ball mit kurzem Eisen die Strecke über Wasser und Kliff hinweg im Flug nehmen muss. In den Nischen

der zerklüfteten Felsvorsprünge stimmt eine reiche Vegetation wahre Farbfanfaren an. Es ist ein Gang, den man auch ohne Schläger in der Hand sofort wiederholen möchte.

Über einen höckrigen Kamm schaukelt das 7. Loch in Richtung Clubhaus. Immer fürchte ich, dieses könnte eines Tages ins Meer geweht werden. Es soll über die behaglichste Damengarderobe verfügen, wie ich selbstverständlich nur vom Hörensagen weiß . . .

Cruit Island ist ein unentdecktes, kleines Paradies. Und Paradiese sind selten.

Wie die Reste eines Schiffbruchs liegt das 6. Loch über der See.

Auferstanden aus Ruinen

PORTSALON GOLF CLUB

Einst hatte ich sie die schönste Golfruine Irlands genannt – Portsalon, eine Anlage im nordwestlichen Zipfel der Republik. Bernhard Darwin, der Dante unter den Golfliteraten, hatte mich hierhin gelockt. Portsalon sei, so notierte er vor achtzig Jahren, ein »perfectly lovely spot«.

Seinen Anregungen pflege ich zu folgen wie andere den Verheißungen der Zeugen Jehovas. Also bin ich hingefahren. An Ort und Stelle angekommen, mußte ich mir erst die Augen reiben und lange darüber nachdenken, was Darwin mit seiner Bemerkung »ein höchst lieblicher Flecken« ausdrücken wollte. Nur mit wohlmeinender Phantasie war überhaupt ein Golfplatz zu erkennen. Die ersten drei Löcher schienen tatsächlich noch Bestand zu haben.

Dichtes Kleefeld breitete sich wie ein engmaschiges Haarnetz über die Bahnen aus. Der erste gerade und gelungene Drive verschwand darin spurlos. Auch ein kurzes Par 4 in südlicher Richtung konnte man noch als Golfloch identifizieren. Eine kuriose Fahnenstange aus verschlissenem Plastik mit einem Lumpenfetzen an der Spitze zeigte unmissverständlich den Weg für das lange Eisen. Das restliche Terrain lag in Flugsand und Unkraut darnieder. Eine Asche in Grün.

Dorfbewohner hatten mir den Tipp gegeben, das Greenfee in »Ritas Bar« zu hinterlegen. »Ritas Bar« ist ein Krämerladen, in dessen Regalen der beste Whiskey neben altem Schmieröl steht. An diesem Tage jedoch war er geschlossen und schien überhaupt seit langem nicht mehr geöffnet zu haben. Der Laden, so hatte man mir angedeutet, sei so eine Art Ersatzclubhaus. Dabei müssen Sie unbedingt wissen, dass Portsalon 1890 gegründet wurde. Man lässt sich also Zeit. All dies widerfuhr mir etwa Mitte der achtziger Jahre.

Niemals bin ich deswegen Bernhard Darwin böse gewesen. Portsalon ist tatsächlich ein »perfectly lovely spot«. Die frische Luft am Lough Swilly, der Torfgeruch vom Lande her, all dies hatte es mir angetan und schmeckte nach salzigem Frühstücksspeck. Und das Himmelstheater mit seinen wechselnden Wolkenzügen gab es als Gratisdraufgabe. Verzweigte Rinnsale und dichte Dünen, von der Brise gekämmt, trieben ein merkwürdiges Spiel mit der Gegend, wo ich meinen Platz suchte.

Der Strand unterhalb des vermuteten 9. Loches, der Ballymastocker Beach, glich einer silbernen Sichel. Ich hatte mich darauf gefasst gemacht, Feen zu begegnen. Weder sie noch irgendeinen Menschen traf ich. Ein zauberhafter Flecken, den man auch ohne Sportausrüstung gerne ansteuert.

Und dann, es muss zu Beginn der neunziger Jahre gewesen sein, diese plötzliche Veränderung. Keiner hatte mir davon erzählt, niemand mich gewarnt: ein Platz, auferstanden aus Ruinen; feine Fairways, makellose Grüns. Selbst der kleine Fluss, der die Eröffnungssequenz neckt, schien springlebendiger denn je und und

wetteiferte mit der Heiterkeit des Horizontes. Als Zugabe ein brandneues, zweistöckiges Clubhaus, das mit leuchtend weißblauer Fassade das Geschehen überschaut.

Irgendjemand muss anlässlich des Jubiläums das lang ersehnte Geld für die Restaurierung zusammengetragen haben. Die Mitglieder sind zu Recht stolz auf ihren Kurs, der im Uhrzeigersinn entlang des Lough Swilly verläuft und in westlicher Richtung prächtige Ausblicke in weit ausladender Symmetrie auf die Knockalla-Berge zulässt. Ein Kraftakt an stürmischen Tagen und eine funkelnde Frische bei Windstille.

Die kurzen Löcher verlaufen in unterschiedlicher Richtung, sind vorzüglich und, mit Aus-

nahme des 14., recht lang. Das Grün des 2. Loches, das zwischen hohen Dünen eingebettet ist, kann je nach Windrichtung mit einem Drive oder auch dem Eisen 6 erreicht werden. Es glitzert wie soeben erschaffen. Herausragend auf den »Home«-Löchern das 13., ein Par 4 mit einer lang gestreckten Linkskurve und einem unerwartet auftauchenden Felsen, der überflogen werden muss. Bei näherem Hinsehen entpuppt er sich als eine Miniaturausgabe des Matterhorns.

Es lohnt also, diese Halbinsel auf engen und kurvenreichen Bergstraßen anzusteuern. Im Übrigen: »Ritas Bar« nimmt kein Greenfee mehr entgegen.

Ballymastocker Beach, unter Eingeweihten einer der schönsten Strände der Welt, gibt dem 5. Loch Geleitschutz.

Alpines Gestade

ROSAPENNA GOLF CLUB

Die Golfreise durch das Land wird nicht zuletzt dann zum diebischen Vergnügen, wenn die Schatzsuche dort erfolgreich ist, wo man es am wenigsten vermutet.

Die Wahrscheinlichkeit, im Norden der Insel fündig zu werden, ist größer als in den bereits touristisch ausgeschöpften Teilen des Südens. Rosapenna gehört zu diesen verborgenen Kostbarkeiten. Der Platz liegt unweit des Melmore Head, dessen felsiger Finger weit hinaus in den Atlantik zeigt. Noch einmal ist der Zauber des Landes jäh gebündelt. Die Spielbahnen des Clubs sind eingefangen zwischen den schwingenden Dünen des Sheep-Haven-Strandes und den tief gestaffelten, flüsternden Säumen der Mulroy Bay.

Bei der Gestaltung des Platzes hatte ursprünglich Old Tom Morris seine Hand mit im Spiel. Spätere Korrekturen sind von weiteren Golflegenden wie James Braid und Harry Vardon vorgenommen worden. Ihre Porträts schmücken stolz die Eingangshalle des Golfhotels, das direkt neben dem ersten Abschlag steht.

Es ersetzt die 1962 niedergebrannte Luxusherberge, die der Earl of Leitrim 1890 aus norwegischen Pinien errichtet hatte. Sie galt als das »Pinehurst« des Viktorianischen Zeitalters. Als das Feuer den Speisesaal erreichte, bestellte der Duke of St. Albans trotzig eine weitere Gemüsesuppe, um »als letzter Mensch, der im Rosapenna Golf Hotel gegessen hat«, in die Geschichte einzugehen. Der Kellner, der ihm die Bestellung

reichte, war übrigens der Vater des heutigen Besitzers.

Es mag unterschiedliche Vorstellungen darüber geben, wie die Ouvertüre einer Runde anzulegen ist. Aber ein leichtes, mäßig ansteigendes Par 4 einen Dünenhügel hinan, von dessen Grün fast das gesamte Areal einsehbar ist, kommt einer Idealvorstellung gleich.

Dem Muster eines klassischen Links entsprechen die folgenden neun Löcher. Kein Golfterrain außerhalb Schottlands verrät mehr die Handschrift von Old Tom als die Passage zwischen dem 4. und 6. Loch. Der zentrale Bunker im Drivebereich des 4. erinnert in Form und Größe bis auf das letzte Sandkorn an den berühmten »Hell Bunker« des 14. Loches auf dem »Old Course« in St. Andrews. Das prächtige, wie eine ausgelöste Auster geformte Grün mit seinem klaffenden Graben rechts ist jedem ernsthaften Sammler fein geschnittener Grüns eine Trophäe wert. Auch die Konturierung des 5. Grüns ist einem Geniestreich entsprungen und müsste eigentlich für jeden ernsthaften Golfplatzarchitekten »Pflichtlektüre« sein.

Am südlichsten Punkt des Areals stoßen wir auf das erste kurze Loch, dessen steil nach vorn geneigtes Grün völlig natürlich in einen Dünenhang hineingewebt ist. Drei Bunker sind im Flug zu nehmen, um das Par zu retten. Wer bisher vom Slice geplagt wurde, wird sich öfter als gewünscht auf dem Strand von Sheep Haven wiederfinden und froh sein, dass der Kurs nunmehr in nördlicher Richtung zurückdreht. Ob dabei bis zum 10. Loch die Birdie-Chancen größer werden, hängt, wie immer in Seenähe, von der Windrichtung ab. Der Charme von Rosapenna beruht aber nicht zuletzt auf seiner topographischen Gegensätzlichkeit.

Mit dem Abschlag am 11. Loch erreicht man pastorales, heftig bewegtes Gefilde. Dafür muss der »Atlantic Drive« überspielt werden, eine Panoramastrecke, die dem »Ring of Kerry« an Schönheit nicht unterlegen ist. In mehreren Schüben steigt der Kurs steil an und hat mit dem 15., dem längsten Par 4, seinen Gipfelpunkt buchstäblich erreicht: Zu Füßen liegt der Strand,

im Hintergrund Donegals Erhebungen, die, wie etwa der Muckish Mountain, jäh bis zu 700 Meter aus der offenen See herausragen. Im Osten sind die kleinen, nur von Schafen bewohnten Inseln der Mulroy Bay hingestreut wie Tuschzeichnungen in abgestuftem Grün.

Während die Schlusslöcher entlang eines heftig gewellten Felsbuckels in Richtung Golfhotel abstürzen, geht mein Blick nach links, wo sich eine womöglich noch heroischere Dünenlandschaft ausbreitet. Nach den Vorstellungen des Landlords soll hier ein zweiter Meisterschaftsplatz entstehen. Spätestens dann hat Rosapenna als »heimliche Geliebte« ausgespielt.

Im Freiflug saust der Blick vom 1. Grün auf die Sheep-Haven-Bucht hinunter und strandet am Ende an den Hügeln von Mulroy.

Ballade zwischen Bergen und Brandung

BALLYLIFFIN OLD COURSE & GLASHEDY LINKS

Weiter nördlicher geht es nicht mehr. Bevor die Republik am Malin Head endgültig von der Erdkugel Abschied nimmt und in den Atlantik stürzt, bäumt sie sich noch einmal auf, bündelt ihre Reize letztmalig.

Irland im verwegen schönen Abschiedsgewand. Gemeint ist die Halbinsel Inishowen, wo der irische Teddybär mit der untersten Kralle im Atlantik kratzt und die Natur, von allen Fesseln befreit, ungebändigt herumtollt. Eine gischtumtoste Stille, in der die Zivilisation mit Brücken, Bergen und Schafen, die die Straße für sich beanspruchen, endet. Schon immer wurde die Peninsula, in deren fruchtbarer Ebene man Frauen in roten Röcken bei der Feldarbeit beobachten kann, so wie sie der Romancier Paul Henry bereits vor achtzig Jahren gemalt hat, von Geologen, Historikern und Vogelkundlern geschätzt.

Was die golferische Gilde betrifft, so strandeten hier lediglich Eingeweihte oder Liebhaber des Zufalls. Sie freilich rieben sich verwundert die Augen, wenn nach Überqueren der verwegenen Passstraße des Gap of Mamore die Strandlinie der Pollan Bay, an deren Flanke Ballyliffin Golf Club beheimatet ist, ins Blickfeld geriet.

Ohne restaurative Gebärde schlängelt sich unser Kurs durch makelloses Dünenland. Die nahe See ist immer im Ohr und, etwa vom erhöhten Tee des 13. aus, auch zu sehen. Der federnde Boden, dem eine tiefe Schicht von Torfkompost beigemischt wurde, ist ein Labsal für die Beine, die maßlose Stille ein Fest fürs Gemüt. Missratene Löcher habe ich nicht entdeckt, dafür einige herausragende: so etwa das neu angelegte 5. Loch, dessen Grün spektakulär eingebettet ist zwischen zwei mächtigen Dünenkämmen.

Fabelhaft angelegt auch das kurze 7. Loch, ein Par 4, dessen Querdüne für den Dogleg-Charakter des Bahnverlaufs sorgt. Auf den »Home«-Löchern dann das beste Par 5: Nach erhöhtem Tee führt das mannigfach kupierte Fairway des 13. Loches durch einen einsamen, von seinen Nachbarn abgeschnittenen Korridor zu einem trassierten Grün hin, dessen beide Potbunker links bis zuletzt verborgen bleiben.

Auf dieser Runde werden Sie begleitet von Graugänsen, exotischen Besuchern wie Flamingos und anderen Seevögeln, deren Namen ich vergessen habe. Vom Meer her weht ein berechtigter, wiederkehrender Applaus, der sich in der Ferne im Dunst auflöst und an einer vagen Linie mit dem Himmel zusammenstößt.

Aber damit nicht genug. Die Bewohner von Ballyliffin, denen man nachsagt, sie kämen »im Herzen mit dem Meerwasser zur Welt«, die oft ein bisschen zu spät dran waren und immer den Kürzeren gezogen haben, was sie auch unternahmen, trafen eines Tages eine Entscheidung.

Mitte der neunziger Jahre wurde das Architektenduo Tom Craddock und Pat Ruddy einbe-

stellt, den Old Course zu renovieren. Sie ließen jedoch das ungeschminkte Juwel unangetastet und überredeten stattdessen das Komitee, direkt oberhalb des 12. Loches einen neuen Platz anzulegen. Seitdem verfügt die Ortschaft mit nicht einmal 500 Einwohnern über 36 vorzügliche Fairways.

Was wir heute zwischen Fischfang und Ackerbau erleben, ist ein naturgewellter Akkord aus Irlands beunruhigender Schönheit und trefflicher Platzarchitektur. Eine wunderliche Runde, die bisweilen aus den Fugen zu geraten scheint und die alle Sinne zugleich nach innen und außen kehrt. Gewiss wurde den großflächig trassierten Grüns ein markantes Profil gegeben, sind die Bunker selbstbewusst in die Erde gemeißelt. Auf der anderen Seite aber ist der souveräne Umgang mit Anspielungen, Andeutungen und Aussparungen unverkennbar.

Die Marschmusik spielt dort, wo Elemente und Erosionen Jahrtausende gehobelt haben. Die Löcher tragen gälische Namen, sie klingen wie Noten und raunen wie der Wind: »Stúea Bai'«, »Gort na Móna«, »Greig a' Bhainne«. In Etappen, die auf mehreren Ebenen funktionie-

Ganz den Gedanken des Geländes folgt das 6. Loch von Glashedy.

123

ren, buckelt die Runde geradewegs in das Herzstück der Dünen. Im Knick des ersten Par 5 am 4. Loch wird Witterung aufgenommen mit dem Glashedy Rock. Er steigt aus dem Meer auf wie ein Soufflé und ist Irlands Antwort auf Turnberrys schottischen Seefels »Aisla«. Die Bahn selbst tunnelt durch ein geducktes, von hohen Dünenwänden eingefasstes Tal. Der Bunker rechts, ein kapitales Hindernis von altmodischer und anziehender Kraft, droht dem Drive. Der Crossbunker in der zweiten Schlagzone stutzt jede hoch gesteckte Erwartung.

Aber es ist das kurze 7., das den Puls beschleunigt. Vom Tee stürzt das Terrain nahezu 35 Meter ab, um sich an seinem Grün, von oben nicht größer als eine Scorekarte, zu verhaken. Glashedy Rock beherrscht die Rückwand des kurzen 5. Loches wie auch seine »diebische Zwillingsschwester«, das 14.: »Camus« heißt dieses beste Par 3, was einem französisch vorkommen mag, aber in Wahrheit auch gälischen Ursprungs ist. Der »Knoten der Seeküste« mag zwar nur 145 Meter lang sein, erfordert aber je nach Witterung ein Eisen 9 oder auch den Driver, um das Grün zu treffen. Zuvor hat man es jedoch mit einer Art Rodeoritt am 13. zu tun. Ein gegen die Schwerkraft der Erde aufmüpfendes Fairway akzeptiert generös zunächst auch den verunglückten Drive. Danach verjüngt es sich und präsentiert am Ende ein Grün, bei dem die Zugbrücken hochgehen.

Wie schon vor der Wende fluten auch die letzten drei »Home«-Löcher fächelnd in Richtung Clubhaus davon. Nach all der Bilderflut weiß man am Ende nicht, ob man einen Platz oder einen Film verlässt.

Es gibt eine Architektur der Verzauberung – und manchmal ist die Natur ihr Meister. Ballyliffins 13. Loch scheint aus dem Horizont herausgemeißelt zu sein.

Ausblicke aus meinem Golfbag

GALWAY BAY GOLF & COUNTRY CLUB

Einer lokalen Legende zufolge soll Kolumbus hier zum letzten Mal gebetet haben, bevor er nach Amerika aufbrach. Der Wahrheit schon ein bisschen näher kommt man mit der Vermutung, in der Stadt lassen sich die besten Austern der Welt schlürfen. Wer dabei keine Perle entdeckt, kann auf andere Weise, im östlichen Vorort Oranmore, fündig werden. Christy O'Connor jun., der seinen Urenkeln noch erzählen muss, wie er im Match gegen Fred Couples den Ryder Cup für Europa 1989 sicherte – es war ein Eisen zwei auf dem 18. im »The Belfry« –, hat den Platz gezeichnet. Die Anlage breitet sich durch und durch idyllisch unmittelbar an der Galway Bay aus. Von drei Seiten wird sie vom Atlantik umspült, dessen Kraft freilich die Bay bereits gezügelt hat.

O'Connor hat es verstanden, der Runde, die niemals den Kontakt zur See verliert, einen heiteren, wenig furchteinflößenden Anstrich zu geben. Das tut gut, nach all den sandigen Verstrickungen, mit denen man im »Wilden Westen« rechnen muss.

Großartig auf den Löchern »out« die Passage vom 6. bis zum 8. Loch, wo zwei Seen über das Durchkommen entscheiden. Wir werden diesen beiden Gewässern nach der Wende auf den Löchern 11 und 12 wieder begegnen. Der Platz ist lang, verzeiht aber wegen breiter Fairways manche Abweichung.

Der Vereinsbroschüre ist zu entnehmen, dass wir uns auf historisch bedeutsamem Gefilde befinden. Das aufwendig gestaltete Clubhaus, mit allen Annehmlichkeiten eines amerikanischen Country Clubs gesegnet, bietet auch noch Platz für das Klavier des irischen Popstars Chris de Burgh, der hier Mitglied ist.

Die Bar, so behaupteten sie hier, sei die schönste der Welt. Keiner will dem widersprechen, wenn er auf die Bucht von Galway hinab blickt.

STRANDHILL GOLF CLUB

Der Paradeplatz des Nordens, Rosses Point, vermag einen derart zu verzaubern, dass man ein anderes Schmuckstück der Gegend leicht verpassen kann: Strandhill, auf der gegenüberliegenden Seite der Sligo Bay gelegen. Die Runde ist keineswegs nur eine Ausweichstelle für den Dienstagmorgen, wenn die Ladys des

Strandhill Golf Club, 15. Grün

berühmten Nachbars ihr Vorrecht beanspruchen und vor vier Uhr kein männliches Wesen auf Rosses Point dulden. Die außergewöhnlich schön proportionierte Strecke schmiegt sich idyllisch an den Culleemamore-Strand und liegt dem Knocknarea-Berg zu Füßen.

Auf der Spitze dieses Tafelberges, der ein weitläufiger Verwandter des Benbulben sein könnte, liegt Queen Maeve begraben. Das hatte sie so gewollt. Von hier aus konnte sie die fünf Grafschaften ihres Reiches überblicken. Im Bereich des 7. Loches ist ein weiterer historischer Punkt auszumachen: Der heilige Patrick verlor hier einen Zahn, den man zur Besichtigung ins Nationalmuseum überführt hat.

Der Platz ist aber nicht nur ein geschichtsträchtiges Gefilde, sondern auch ein Ort reichen Ertrages für jeden Golfer. Seine natürliche Lage oberhalb der See, seine grandiose Kulisse mit Coney Island im Hintergrund, die oft terrassenartig aufgebauten Bahnen und Grüns, das alles geht eine erfrischende Verbindung ein.

Wer sich in den Dünenturbulenzen zwischen dem 11. und 15. Loch an Ballybunion erinnert fühlt, liegt unbedingt richtig.

BUNDORAN GOLF CLUB

Nördlich von Sligo beginnt die Einsamkeit. Wer Unterhaltung und Sommerfrische suchte, fand sich in Bundoran ein. Der Ferienort verfügt über den Charme eines ausgedienten viktorianischen Bettvorlegers. Golf wird seit 1894 gespielt. Harry Vardon ist verantwortlich für das gegenwärtige Layout.

Obwohl direkt am Atlantik gelegen, passt der Platz mit seiner weichen Grasnarbe nicht in das Raster eines typischen Links. Bernhard Darwin hat ihn vor achtzig Jahren als »super mare

inland course« treffend charakterisiert. Den offenen, durchwegs flachen Bahnen täte mehr Abwechslung gut. Aber wer die frische Seeluft aus erster Hand genießen will und sich an den nahen Bergen Donegals erfreuen kann, wird den Besuch nicht bereuen. Dass außerdem ein stilvoll renoviertes Golfhotel mitten auf dem Platz steht, macht vielen die Entscheidung zum Verweilen noch leichter.

Bundoran Golf Club

SLIEVE RUSSELL GOLF & COUNTRY CLUB

Die Grafschaft Cavan gilt als Durchgangsland auf dem Weg zur Küste. Für die meisten ist sie Niemandsland. Kein Heiliger, kein Grab eines Giganten, kaum eine Legende, die zum Bleiben verführt. Ein stilles Land, reich an runden Hügeln und kleinen Seen.

Für den Golfer freilich gibt es seit kurzem keinen Grund mehr, schnell das Weite zu suchen. In der Nähe des preisgekrönten Dorfes Ballyconnell liegt der kürzlich fertig gestellte Country Club. Ein für die Gegend von West Cavan typisches Tal mit seitlichen Höhenzügen bildet den Rahmen der Runde. Zwei natürliche Seen, Lough

GLASSON & MOUNT TEMPLE GOLF CLUB

Aghavoher und Lough Rud, durch ein breites Rinnsal miteinander verbunden, greifen immer wieder ins Geschehen ein. Ein kleines Wäldchen im Bereich des 8. und 9. Loches sorgt inmitten des weitläufigen Areals für Ruhepunkte.

Hervorragend das Bouquet der Par-3-Löcher, die alle Himmelsrichtungen ausschöpfen. Von den gleichfalls abwechslungsreichen Par 5 gebührt dem 13. die Bestnote. Lough Rud schmiegt sich hier eng an die lang gestreckte Linkskurve und reizt den geübten Spieler, mit dem Abschlag ein Stück seiner forellenreichen Fläche zu überfliegen. Die großzügig bemessenen Grüns erlauben die denkbar knffligsten Fahnenpositionen.

Dass die gute, alte Erde hier auch viele Schmerzen gehabt hat, verrät ein Loch mit dem Namen »Feathery Bed«. Es erinnert an die Landvertreibung, die manchen Bauern zwang, auf der Flucht unter freiem Himmel zu übernachten.

Dieses Schicksal bleibt dem Besucher von heute erspart. Ein mondäner Gebäudekomplex thront über dem Terrain. Was von außen aussieht wie ein amerikanisches Privatkrankenhaus, entpuppt sich im Innern als bestens geführte Herberge. Ein kleines Golfmuseum lässt keinen Zweifel aufkommen, wo man sich befindet.

Nirgendwo ist dies schläfrige Schweifen, das dem Reisenden die Gewissheit gibt, nichts zu versäumen, zeitlos zu denken und sich dem Zufall als Fremdenführer anzuvertrauen, intensiver als in der Grafschaft Westmeath. Es vermittelt die Illusion, immer noch Entdecker zu sein.

So ging es mir in einem abgeschiedenen Hochtal, zwölf Kilometer nördlich von Athlone, als ich unvorbereitet in der von Fuchsienhecken umsponnenen Idylle von Glasson Golf Club landete. Eine Verbrüderung von Architektur und Landschaftsgestaltung. Seine Qualität ist nicht eine irgendwie erstrebte Effekthascherei, sondern die plausible Anordnung, die Unaufgeregtheit und Leichtigkeit seiner Konstruktion. Und wer je auf dem 14. Tee stand mit seinem gewinnenden Seitenblick auf Lough Ree und den Shannon, den wird diese Berührung nicht wieder loslassen. Kenner kommen mit dem Boot, ankern hinter dem 17. Grün und schultern die Tasche für die paar Schritte zum 1. Tee hin.

Zehn Kilometer weiter südlich, unweit von Mount Temple, einer unprätentiösen, balsamischen Landschaft, bekommt man Gelegenheit, die gelungene Sorgfalt der Beschränkung zu studieren. Das Farmerehepaar Margaret und Michael Dolan hat sich von seinem Vieh getrennt, 18 Abschläge und Grüns angelegt, drei Gräben begradigt und den ehemaligen Kuhstall in eine stimmungsvolle Garderobe umfunktioniert. Den Rest erledigte Mutter Natur. Und dann fallen noch einige Bunker auf, die auch für den wildesten Schlag außer Reichweite liegen. Überrascht erfährt man, dass es sich dabei um eine Art Ablenkungsmanöver für die zahlreichen Kaninchen handelt. Sie sollen sich hier und nicht auf der eigentlichen Runde tummeln. Auch wegen solch nützlicher Einfälle sollte man bei den Dolans vorbeischauen.

ST. PATRICK'S GOLF LINKS

Noch ist es zu früh, diesen taufrischen »Geheimtipp« abschließend zu beurteilen. Aber der Newcomer hat das Zeug, einmal im Orchester der ganz Großen mitzuspielen.

Durch das zugleich spröde wie virtuose Changieren zwischen prekären Polen gelingt eine kühl-elegante Spieletüde. Bei geringster Brise auch ein Härtetest fürs Handicap auf ungeschminktem Links-Land, das einem mit »alttestamentarischer Wucht« entgegentritt.

Als durchlaufe man eine ungeahnte Welt: unterwegs Höhepunkte im Akkord und Fairways in Feststimmung. Etwa das kurze Eisen zum Grün am 2. Loch, das Par 3 am 5. mit zwei separaten Grüns, eines für die normalen Tage, das andere für die heiligen der Wettspiele; ein Par 4 (das 4.), das in Proposition, Strenge und Eleganz den Akteur vereinnahmt. Dazu das »Farewell« des unvergesslichen Eddie Hackett am 16. mit dem letzten Rasenstück, das er vor seinem Tod einpflanzte.

Wer sich in Clubhaus ob des gerade Erlebten die Augen reiben will, muss vorerst noch verzichten. Aber das Carrigart Hotel um die Ecke ist mehr als ein Ersatz. Die fertigen Pläne zum Ausbau auf 36 Löcher nimmt man mit Staunen zur Kenntnis. Spätestens dann muss noch einmal genauer hingesehen werden.

Zwischenzeitlich jedenfalls lasse ich meine Vorfreude weiter feiern.

St. Patrick's
Golf Links

Ankerplatz zum Atemholen

IM GOLFGELÄNDE VON NORDIRLAND

Kein Fremdenverkehrsverband der westlichen zivilisierten Welt tut sich schwerer als der Northern Irish Tourist Board bei dem Versuch, Reisende für Nordirland zu erwärmen. Wer in den letzten 25 Jahren die Nachrichten verfolgt hat, weiß, dass Terror den Alltag der Provinz prägt und ein tragischer Bürgerkrieg die täglichen Schlagzeilen beherrscht. Dieser Landesteil kommt nicht zur Ruhe und nicht auf die Beine. Die ganze sentimentale Fiedelpoesie scheint hier ausgedient zu haben.

Dennoch, das Waffenstillstandsabkommen von 1994, erst recht jedoch das Karfreitag-Referendum von 1998 und die anschließende Wahl mit ihrem Bekenntnis zu einer Teilautonomie mindern die Angst, der »unsichere Frieden« könnte sich als flüchtige Episode erweisen. Die überwältigende Zustimmung der nordirischen Bevölkerung, auf politischem Weg zu einem Frieden zu finden, eröffnet eine neue Zeitrechnung in der britischen Provinz. Aber jedermann weiß, dass der Weg holprig ist und sich in der fast achtzig Jahre alten Wunde der Teilung noch viel Eiter befindet.

Kein Land für den Golftourismus also? Nichts wäre irreführender. Gewiss, die politische Gewalt in den Städten ist nicht zu leugnen. Man wird sich auch vorsätzlich in Gefahr begeben, wenn man seine Nase in jede Ecke von Belfast oder Derry steckt. Wer sich jedoch draußen auf dem Lande aufhält, ist den Problemen und Gefahren entronnen. Denn Besucher sind noch

nie in das Visier der Bürgerkriegsparteien geraten. Die Organisation der IRA ist nämlich, ohne zynisch sein zu wollen, in der Wahl ihrer Ziele äußerst »treffsicher« und hat alle touristischen Gebiete aus den Auseinandersetzungen ausgeklammert. Die Narben der irischen Teilung gehen mehr durch die Seele der Nation als durch

ihre Landschaft. Die Golfverbände beider Teile haben längst alle Spannungen überbrückt und fungieren einträchtig unter einem Dachverband. Mary McAleese, Präsidentin seit 1997 und aus dem Norden stammend, sieht sich als oberste Repräsentantin des ganzen Irlands.

Wenn es gelingt, den Weg von einer Kultur des Konflikts zu einer Kultur des Konsenses erfolgreich zurückzulegen, wird Nordirland eine gewaltige Renaissance durchleben.

Aber auch heute schon kann man sich in diesem Landesteil, in dem noch keinem Touristen bisher ein Haar gekrümmt wurde, sicherer fühlen als in anderen, begehrten Reisezielen Europas. Ein Festschmaus für den Golf-Gourmet ist die Region ohnehin. Der Abstecher zur Antrim Coast könnte leicht zum Höhepunkt der gesamten Golfsafari werden. Entlang dieser Küste sind Meisterschaftsplätze aneinander gereiht wie wertvolle Perlen an der Kette. Hochkarätige Geschenke an die Golfwelt: Portrush, Portstewart, Ballycastle und Castlerock. Und wer sich den besten Wein bis zum Schluss aufhebt, wird Royal Co. Down zu Füßen der Mourne Mountains als letztes Etappenziel wählen. Dort schließt unser Bilderbogen, endet das große Naturtheater von Irland.

In Nordirland endet die Safari, die keine Grenzen und keine Gewalt kennt. Der Friedensnobelpreis 1998 für den Katholiken John Hume und den Protestanten David Trimble bestärkt die Hoffnung auf eine friedliche Lösung des Konflikts. Der Golfer spürt wenig von den Spannungen, wenn er eintaucht in eine Bilderflut wie aus den heiteren Kapiteln des Katechismus. Am 9. Loch von Royal Co. Down ist der ganze landschaftliche Reichtum eingefangen.

Der Gesang des Meeres

ROYAL PORTRUSH GOLF CLUB

Wer die letzte Steigerung seiner insularen Golf-erlebnisse finden will, muss die Antrim Coast ansteuern – eine Küste schönster Konzentrationen, längst von der UNESCO als »Weltkulturerbe« geadelt.

Höhepunkt ist Portrush, einst ein mondäner Badeort, der heute den Charme eines viktorianischen Bettvorlegers verströmt. Seit langem gibt es nicht genug Geld, um durch Neubauten noch größeren Schaden anzurichten. Wo die Brandung bisweilen an die Clubhausforte schlägt, liegt der Links von Dunluce. Der Platz, 1888 gegründet und unter dem Patronat von König Edward VII. 1893 mit dem begehrten Titel »Royal« ausgezeichnet, liegt vor uns ausgebreitet wie einem Bilderbuch entsprungen.

Als habe sich die Wut des Meeres einst selbst ihre Schneisen zwischen den hoch aufragenden Dünen gesucht, schlängeln sich die Spielbahnen in langen, tief gestaffelten, flüsternden Säumen entlang dem Seestreifen.

Für die Streckenführung ist jedoch nicht Mutter Natur verantwortlich, sondern H. S. Colt, der genialste englische Architekt seiner Zeit. Immerhin, so ist seinen Notizen zu entnehmen, fand er die Naturvorgaben so trefflich, dass er bei der Platzgestaltung ohne größere Erdbewegungen auskam. Womit wir es heute zu tun haben, ist schlicht Seaside-Golf vom Besten: kurvenreiche, nie hintereinander gestaffelte Fairways mit zuweilen atemberaubenden Gruppierung, erhöhte Abschläge mit Ausblicken und, nicht zuletzt, feine Grünkonturen. Der Parcours stellt, was nicht unterschlagen werden soll, höchste Anforderungen an den Spieler.

Viele verlassen ihn mit der merkwürdigen Empfindung einer erfreulichen Depression. Die Bahnen sind eng, das Seegras zäh wie irischer Frühstücksporridge, die Länge mit 6900 Yards von den hinteren Tees beachtlich. Hinzu kommt, dass nur wenige Spielbahnen geradeaus verlaufen und zahlreiche Kurven und Ecken taktische Höchstanforderungen stellen. Dass uns die geringe Zahl der Bunker überrascht, kann nicht als Trost gelten, sondern ist das Ergebnis weiser Einschätzung des Architekten, der die naturgegebenen Einbuchtungen und Hügel als ausreichend strafend empfand.

Die Eröffnungslöcher arbeiten sich stufenweise an die See heran. Das 1., bergan gelegene Grün kann nur mit weitem zweiten Schlag erreicht werden. Das 2. windet sich bergab durch die Dünen, während der Treibschlag am 4. ein kleines Rinnsal und die Ausgrenze rechts beachten muss.

Die ganze Schönheit von Portrush indes offenbart sich am 5. Loch, einem scharfen Dogleg nach rechts, dessen Grün gefährlich nahe an der Klippenkante hängt. Das Fairway galoppiert auf die See zu, wo sich die Inselwelt von Benbane und Skerries duckt, als wollte sie nie wieder auftauchen, und die viel besungenen Schatten von Islay und Jura, schon in Schottland, den Horizont begrenzen.

Rechter Hand ist deutlich die Ruine von Dunluce Castle zu erkennen, die ins Wasser zu fallen droht, ein Schicksal, das der Burgküche mitsamt dem Personal bereits 1639 widerfahren ist. Bei guter Sicht spiegeln sich auch die fast 40000 erstaunlich gleichförmigen Basaltsäulen des Giant's Causeway eitel in der See. Sie sind durch das Erkalten und Schrumpfen geschmolzener Lava entstanden. So glauben es Wissenschaftler nachgewiesen zu haben. Romantiker gehen davon aus, dass der Riese Finn McCool, Anführer der Armee des Königs von Tara, den Pfad zu bauen begann, als er zu seiner auf der Insel Staffa lebenden Geliebten gelangen wollte. Da wir uns im Land der Erzähler und Geschichten befinden, bin ich geneigt, letzterer Version zu folgen.

Ein kurzes Par 3, das Harry Colt gewidmet ist, fügt sich an. In den meisten Fällen verlangt es ein mittleres Eisen, dem ein leichter Pull zum seitwärts geneigten Grün gut tun würde. Danach wird der Ablauf von den übermütigen Dünenbewegungen in wechselnden Richtungen bestimmt. Mancher wird froh sein, hinter dem 9. Grün eine Pausenpinte unter freiem Himmel vorzufinden, die schon manch ehrgeizigen Tagesplan durcheinander gebracht hat.

Portrushs berühmteste Löcher erwarten uns am 14. und 15. Ersteres ist ein Par 3 mit dem

Die Kreidefelsen der Antrim Coast beleuchten das 5. Grün von Royal Portrush: Auf irritierende Weise korrespondieren hier Platz und Küste.

Als ob die Entstehungsgeschichte der Erde ihren letzten Abgesang probt, hängen manche Grüns wie ein letzter grüner Faden am Festland.

wenig verheißungsvollen Namen »Calamity Corner«. Mit ihm werden Sie sicherlich keine Freundschaft schließen: Zwischen Tee und Grün befindet sich lediglich eine gähnende Schlucht, in der Sie neben dem Ball auch durchaus Ihr Selbstbewusstsein verlieren können. Das Biest ist 213 Yards lang und duldet nicht die geringste Abweichung. Es empfiehlt sich, den linken, einzig freien Abschnitt in Vorgrünnähe anzupeilen und sich von vornherein mit einem Bogey zufrieden zu geben.

Wer hier noch nicht zu Schaden gekommen ist, muss freilich am nächsten Loch durchs Fegefeuer. »Purgatory« heisst dieses lange Par 4, das keine Irritationen duldet. Das Schlusstrio lädt zum Ausatmen ein, wobei die Düne am 17. rechts den größten Bunker beherbergt, dem man in einem Golferleben begegnen wird. Die lokalen Caddies haben dieses Monster »Big Bertha« getauft.

Trotz aller Demütigungen wird keiner die Anlage ohne den Eindruck verlassen, eine erregende Partie hinter sich gebracht zu haben.

Als Zugabe verfügt Portrush noch über einen zweiten Platz. »The Valley« schließt sich unmittelbar an; es ist ein flacher, indes keineswegs reizloser Kurs, als Einstieg ebenso geeignet wie zur Genesung.

Auf Royal Portrush atmen wir neben der frischen Seeluft auch viel Historie ein. Hier wurde 1892 die erste »Open Amateur Championship« überhaupt gespielt und drei Jahre später die »Ladies Championship« ins Leben gerufen.

Im Jahre 1951 war er Schauplatz der einzigen »Open Championship«, die je außerhalb des britischen Festlandes stattfand. In diesen bemerkenswerten Rahmen passt auch, dass der Club von einer weiblichen Managerin geleitet wird, was ich sonst bei keinem »Royal« erlebt habe. Die junge Dame, die wie die Lieblingsnichte von Marlene Dietrich aussieht, hat aufgrund ihres Amtes selbstverständlich Zutritt zur »Men Bar only«. Nicht ohne Zufall befindet sich denn auch hinter dem 18. Abschlag das Clubhaus der Damenriege. Es verfügt, wie ich selbstverständlich nur vom Hörensagen weiß, über die behaglichsten sanitären Einrichtungen.

Hier, wie anderswo auf der Insel auch, wehrt man sich mit eigenen Mitteln gegen den männlichen Chauvinismus, der dem Golfsport bisweilen zu Eigen ist. Dies ist nicht verwunderlich in einem Land, das in der Republik zwar keine Quotenregelung kennt, dafür aber zum zweiten Mal hintereinander eine Frau zum Staatspräsidenten gewählt hat, über eine »Ladies Rugby Union« verfügt und die Gründung der »Ladies Golf Union« bereits vor einhundert Jahren ins Leben gerufen hat.

Wer weiter nach den Resultaten solch feministischer Selbstverständlichkeiten sucht, muss wissen, dass Irland früher auch über weibliche Henker verfügte. Portrush ist aber auf keinen Fall ein Ort, den Kopf hängen zu lassen.

Die Mitgift von Mutter Natur

PORTSTEWART GOLF CLUB

Der National Trust ist eine einzigartige, übrigens privat finanzierte Stiftung. Mit seiner Hilfe gelingt es, Burgen und Schlösser instand zu halten. Er ist auch bekannt dafür, »zum Wohle der Nation« ganze Dörfer, Wälder oder Küstenabschnitte zu erwerben. Dass er sich von seinem Eigentum trennt, ist nicht bekannt.

Genau dieses Bravourstück ist dem Portstewart Golf Club gelungen. Obwohl er schon längst sein Hundertjähriges feiern konnte, herrscht unter den Mitgliedern immer noch ein taufrischer Pioniergeist. Sie hatten schon lange ihren begierigen Blick auf das Dünenschutzgebiet westlich des 1. Grüns geworfen. Unter Federführung einer besonders gewitzten Gruppe, darunter der örtliche Lehrer, der Metzger sowie ein Energiebündel von einem Sekretär, gelang es, diesen gottgegebenen Küstenstreifen dem National Trust käuflich abzuringen.

Unter eigener Regie und in erstaunlich kurzer Zeit wurden sieben neue Löcher in das erworbene Land eingewebt, was dem ohnehin famosen Kurs nochmals zu einer Aufwertung verhalf. Dass man dabei mit den geringsten Erdbewegungen auskam, unterstreicht die oft missachtete Regel, wonach die Achtung vor der Natur eher Stärke und nicht Schwäche verrät.

Ein Schattengewächs war der »Strand Course« in unmittelbarer Nachbarschaft von Royal Portrush gewiss nie. Nunmehr aber braucht er keine Vergleiche mehr zu scheuen. Das Eröffnungsloch galt schon immer als das beste in der gesamten britisch-irischen Inselwelt: Vom exponierten Tee schwingt sich das Fairway in einer lang gestreckten Rechtskurve auf Meereshöhe hinunter, wo das Grün zwischen zahlreichen Sanderhebungen wie ein Amphitheater eingebettet liegt. Wenn man den höckrigen Kamm am 2. Abschlag erklommen hat, befindet man sich bereits inmitten der neuen Löcher.

All die wundersamen Zutaten eines klassischen Links liegen ausgebreitet vor einem, wie ein perfekter Maßanzug, in den man nur noch hineinschlüpfen muss. Über heftig bewegtes, erosionsartig explodierendes Dünengelände schaukelt die Partie entlang der Küste. Die abwechslungsreichen Grünpositionen verstecken sich in Nischen oder erwarten den Zugriff von hoch gelegenen Plateaus aus. Als Draufgabe gewährt die Runde immer wieder perfekte Fern-

Dem Sturzflug einer Möwe gleich senkt sich das 1. Fairway auf Seehöhe hinab, um in einer Art Amphitheater zu enden.

blicke: Weit schweift der Blick nach Norden, wo die Berge Donegals am Horizont auftauchen. Im Rücken dehnt sich die silberne Sichel des Strandes. Alle Heiligen und Fabeltiere dazu könnten sich hier versammeln und doch würde die Bucht noch verlassen wirken. Der Spielablauf selbst ist ein herausforderndes Vergnügen. Den Abschlag vom 2. Tee sollten Sie möglichst weit nach rechts halten, damit der riesige Sandkrater links nicht für frühzeitige Blessuren sorgt.

Wie eine vergessene Münze liegt das 3. Grün vor einer Ginsterwand, während sich das nachfolgende längste Loch der Runde mit weitem Linksschwung und vielfachen Verbeugungen zu seinem ansteigenden Grün hin bewegt. Spätestens am 6. will man es nicht mehr wahrhaben, dass all diese Löcher neueren Datums sind. Das

Par 3 entspricht in Form und Gefährlichkeit dem berühmten 8. vom schottischen Troon.

»Alles oder nichts« heißt die einzige Devise, um dem Grün über einen gähnenden Graben beizukommen. Obwohl die Strecke nicht mehr als 140 Meter misst, muss bei Gegenwind zum langen Eisen gegriffen werden. Das helle Gelächter der Möwen begleitet den Versuch, das nachfolgende Par 5 mit zwei Schlägen zu erreichen. Bei Rückenwind ist dies kein maßloser Plan. Aber da sich die Taille des Fairways im Annäherungsbereich durch eine seitliche Schlucht riskant verengt, ist man gut beraten vorzulegen, um mit Pitch und Putt die Birdie-Chance zu wahren.

Kurze Par-4-Löcher haben ihren eigenen Stellenwert auf jedem Platz. So mag auch das 8., nach links abfallende und halb verdeckt zu spielende Loch nochmals den Appetit auf ein Birdie wecken. Die Erfahrung freilich lehrt, dass sich eine solche Erwartung später als pure Selbsttäuschung herausstellt.

Mit dem 9., dem früheren 2., verlässt die Runde die unmittelbare Küstenlinie und nimmt die originäre Fährte wieder auf. Elegant schwingt sich die 10. Spielbahn über einen sanften Bergrücken hinweg in Richtung des River Bann. Hier erweitert er sich zu einem breiten Mündungstrichter, als wollte er noch eine Weile an Land bleiben und nicht ins Meer fließen.

Der Akteur profitiert davon durch ein ausladendes Tal, in das sich das Schlussdrittel der Runde entlädt. Trotz der fetten Wiesen im Hintergrund, in deren Gras die Kühe wie Büßer knien, verliert die Partie niemals ihren Seaside-Charakter. Drei Löcher, auf denen manches wieder gutzumachen ist, verlaufen entlang der Uferlinie des Flusses.

Höhepunkt ist hier noch einmal das zurückversetzte 12., ein mittellanges Par 3, das ein delikates Eisen bergab verlangt. Auch hier kann die Aussicht jede Konzentration durcheinander bringen. Zwei lange Par 4 und ein neues Par 5, in denen Teile der alten Fairways integriert wurden, bringen uns wieder zum Clubhaus zurück.

Die neue Reputation von Portstewart hat sich wie ein Lauffeuer verbreitet. 1992 fand hier die irische Amateurmeisterschaft statt. Eine jüngere Generation konnte sich davon überzeugen, was herauskommen kann, wenn man alten Wein mit neuem mischt. Unverhohlen ist auch die Genugtuung, es dem adeligen Nachbarn Portrush, der einem einst die Eisenbahnverbindung abschnitt, gezeigt zu haben.

Keinem Kalkül lässt sich die 2. Bahn unterwerfen: Das Grün wird man wie ein Havarist erreichen, während der einzige Bunker rechts sicher ins »Guinness-Buch der Rekorde« gehört.

Am Ende des Regenbogens

Castlerock Golf Club

Wie der farbenfrohe Schleier eines Regenbogens umhüllt das betörende Golfterrain die Küste Antrims. An seinem Ende liegt Castlerock. Am Ende des Regenbogens liegt auch das Glück, so will es die Legende. Man soll Legenden, wenn sie schön sind, nicht zerstören.

Was Stefan Zweig erkannt hat, gerät in Castlerock nicht in Gefahr. Es ist ein durch und durch idyllischer Platz, dem nur wegen der Nähe von Portrush und Portstewart die nötige Aufmerksamkeit fehlt. Es mag ihm gehen wie den Weihbischöfen in Rom: Wo so viele Kardinäle herumlaufen, fallen sie nicht sonderlich auf. Die Anlage mag kürzer sein als die zuletzt genannten, reizloser ist sie freilich nicht. Der hügelige Ablauf ist verschmitzt eingebettet in sanfte Dünenbewegungen und besticht

durch sein nimmermüdes Wechselspiel zwischen offenen und seeseitig geschlossenen Partien. Zudem wird der Spieler ein Dutzend Mal von einem Bach geneckt, der sich offenbar mit seiner bevorstehenden Mündung in den Atlantik nicht abfinden kann.

Obwohl der örtliche Bäcker Ihren ersten Drive mitverfolgen kann, stellt sich das Gefühl entlegener Abgeschiedenheit sofort ein. Die Eröffnungsphase sollte für ein sicheres Polster des Scores sorgen, bevor es mit dem scharfen Dogleg des 8. Ernst wird. Dazwischen freilich liegt das 4. Loch mit dem romantischen Namen »Leg o'Mutton«. Das kontrovers diskutierte Par 3 wird von wenigen geliebt, von vielen respektiert und von allen gefürchtet.

Bei Gegenwind ist die Kraft eines Mörsers und das Gefühl einer Möwe bei der Landung erforderlich, um das von vier Bunkern verteidigte Grün zu erreichen. Der Fluss begleitet seine linke Flanke. Rechts verläuft, so typisch für einen klassischen Links, die Bahnlinie als Ausgrenze. Überwacht wird die knifflige Situation von dem alten Kastell, das der Stadt ihren Namen gab.

Drei lange Par 5 bilden das Emblem des zweiten Durchgangs. Dabei wird dem 11. besondere Aufmerksamkeit geschenkt. Aber nicht etwa deswegen, weil sich seine Bahn so fabelhaft zwischen den Dünen hindurchzieht. Vielmehr ist es das reetgedeckte »Halfway House«, eine Kneipe inmitten der Natur neben dem

Heide, die Kardinalsblume Irlands, scheitelt die Bahnen im flacheren Bereich der Löcher 9 bis 11.

138

Abschlag, das für Abwechslung und Stärkung sorgt. Einem Labsal anderer Art begegnen wir am 17., genannt »Inishowen«. Wo der Horizont verloren zu gehen scheint, taucht die nördlichste Halbinsel Irlands vom hoch gelegenen Tee aus gut sichtbar auf. Im Vordergrund rechts geben die dunklen Berge Donegals der Szenerie einen weiteren Farbkontrast.

Wem die Überwindung des Steilhangs am 18. geglückt ist und wer sich im zweistöckigen Clubhaus bei herrlicher Panoramasicht für den Rest des Tages »allen Sünden der Zufriedenheit« hingibt, begeht den Fehler seines Golflebens. Schon während der Runde blickt man neugierig auf ein westlich gelegenes Dünengewoge. Dort verbirgt sich, völlig ohne Vorwarnung, das Juwel einer 9-Löcher-Anlage, die von den meisten

übersehen wird. Das sollte Ihnen nicht passieren. Wir haben es hier, entlang der Flussmündung des Bann mit seinen zwei Leuchtfeuern, mit dem schönsten kleinen Links der Welt zu tun.

Obwohl, wie uns ein Schild verrät, schon zur Bronzezeit Menschen dieses Areal betreten haben, liegt das Gelände da wie im Stande der Unberührtheit. Ob man es merkt oder nicht, kein künstlicher Bunker unterbricht die atemberaubende Schaukelpartie über Kämme und Senken. Selbst der kleine See am 6., der sich an das Grün in Form eines Schäferstabes schmiegt, war schon von Mutter Erde vorbereitet worden.

Das Glück, so sagt unsere Legende weiter, wird von einem Zwerg bewacht, der es ungern herausgibt. In Castlerock war nichts von Zwergen zu sehen.

Blick vom 9. Tee auf eine dramatisch zerklüftete, von Wind und Meer geformte Küstenszenerie.

Hochprozentig

BALLYCASTLE GOLF CLUB

Wie in tiefen Schlaf versunken wirken die Ruinen des Franziskanerklosters aus dem 13. Jahrhundert.

An der östlichen Eingangspforte zur Antrim Coast liegt Ballycastle. Ein eher bescheidener Fischer- und Ferienort, der sich nie anstrengte, den mondänen Seebädern weiter westlich nachzueifern.

Nur einmal im Jahr, Ende August, schäumt der Ort mit den Wellen seiner Bucht um die Wette. Dann findet hier die größte Landwirtschaftsschau Nordirlands statt. Das Blöken der Schafe nimmt gelegentlich solche Ausmaße an, dass es der Turmuhr der Dreifaltigkeitskirche zu viel wird. Einmal ist ihr Zeiger sogar stehen geblieben.

Der Golfplatz in Ortsrandlage bildet zusammen mit Portstewart, Portrush und Castlerock das Quartett, das die »Bushmills Championship« austrägt. Die älteste Whiskeydestillerie der Welt, die gleich um die Ecke liegt, veranstaltet jedes Jahr im Juni eine Meisterschaft, an der jeder Amateur mit Vorgabe teilnehmen kann.

Im Gehege der genannten Plätze nimmt Ballycastle gewiss den bescheidensten Rang ein. In szenischer Hinsicht übertrifft er sie jedoch alle. Die ersten fünf Löcher erstrecken sich über pastorales Gelände, in dem die Ruinen eines Franziskanerklosters aus dem 13. Jahrhundert das Geschehen begleiten. Nicht so zurückhaltend ist das Gewässer der Mangy, die entlang dem 1. Loch und am zweiten Abschlag ihre tückische Spur zieht. Schlagartig wechselt die Szenerie ab dem 6. Loch. Hier, im »The Warren«,

Im Abschnitt der Löcher 12 bis 14 schwingt und flirrt die Späre, kommt ins Oszillieren, und wer vom Tugendpfad abweicht, erlebt alpinen Schiffbruch.

betreten wir klassisches Links-Land. Diejenigen, die immer schon vermutet hatten, dass man auf solchem Terrain mit dem einen Fuß in einem Kaninchenloch, mit dem anderen auf einem Hügel und mit dem Kopf in den Wolken steht, werden sich bestätigt fühlen.

Mit dem zweiten Schlag zum 11. Grün bricht die Runde erneut aus ihrem geregelten Grundriss aus und folgt dem steilen Klippenvorsprung. Auf einer steilen Terrasse über dem Meer nimmt nunmehr das Spielgeschehen seinen Lauf. Wer auf der Strecke 11 bis 13 seinen Ball nach links verzieht, wird einen alpinen Schiffbruch hinnehmen müssen.

Im Sommer ist diese Region regelmäßig übersät von blauem Enzian. Er tut sich hier zusammen zu einem Crescendo der Natur, das jeden ehrgeizigen Tagesplan durcheinander wirbelt. Die Antrim Coast liegt Ihnen zu Füßen, ebenso die Vogelinsel Rathlin.

Wenn es das Wetter zulässt, soll sogar die schottische Halbinsel Mull of Kintyre, von Beatle Paul McCartney musikalisch für alle Zeiten verewigt, gut zu sehen sein. Aber das kann eventuell auch am Whiskey liegen, der hier seit 1608 gebrannt wird.

Dem Sturzflug einer Möwe gleich, versuchen die Bahnen 17 und 18 wieder Meereshöhe zu finden. Die Richtung für den Drive am Schlussloch gibt die Kirchturmuhr an. Sie nennt Ihnen auch die genaue Uhrzeit – wenn nicht gerade Landwirtschaftsmesse ist und das Blöken der Schafe durch Ballycastle wogt.

Viktorianische Wunderwelt

Royal Belfast Golf Club

Wer sich nach der Runde auf der schweren Bank mit den schmiedeeisernen Schnörkelfüßen unter einer 200 Jahre alten Ulme direkt hinter dem 18. Grün ausruht, will nicht wahrhaben, dass er sich in Hörweite des verwundeten Stadtzentrums von Belfast befindet.

In diesem königlichen Gehege stimmen die Proportionen, genießt man den graziösen Rhythmus der Räume: das 16. Grün.

Zeitvergessen liegt ein exemplarischer Landschaftsgarten vor uns ausgebreitet, mit Bäumen, von denen jeder einzelne unter Naturschutz stehen müsste, und Büschen, deren Gruppierung das Auge des Besuchers entzückt. Mit sicherem Gespür hat sich der Club dort etabliert, wo die Vegetation einen heftigen, freilich friedlichen Aufstand probt und die Aussicht auf Lough

Belfast vom eigentlichen Geschehen ablenkt. Craigavad heißt das feine Villenviertel und wird, von denjenigen, die nicht dort wohnen, die »goldene Meile« genannt. Royal Belfast wurde 1881 gegründet und ist damit der älteste Club Irlands. Sein blaublütiges Anhängsel erhielt er bereits vier Jahre später vom Prince of Wales verliehen.

Heute ist Prinz Philip Patron des Clubs. Die königliche Schirmherrschaft mag dazu beitragen, dass man hier nicht mit offenen Armen empfangen wird. Eine gewisse Reserviertheit durchweht das dunkel getäfelte Clubhaus, in dem einst der Bürgermeister von Belfast regierte. Mit dem ersten Abschlag auf dem langen, ansteigenden ersten Loch gelangen wir geradewegs in viktorianisches Gefilde mit kräftigen, bunten Gartenfarben.

Vom hochgelegenen dritten Abschlag sehen wir über Azaleen und Rhododendronbüsche hinweg auf Lough Belfast. Pfaue und Fasane gebärden sich, als müsse man sie der Gruppe der Gründungsmitglieder zurechnen. In vollkommenem Rhythmus der ausladenden Hanglage nähert sich der Kurs stufenweise dem Wasser. Breite Fairways täuschen darüber hinweg, dass der Platz zwar keine Belastung, aber doch eine Bürde sein kann. Strategisch gut platzierte Bunker sowie hoch gelegene, immer zur See hin sich neigende Grüns erfordern höchste Wachsamkeit.

Unverkennbar ist dabei die Handschrift des Architekten. Harry C. Colt hat das Layout entworfen und eine makellose Schönheit mit eini-

gen Gemeinheiten gespickt. Eindrucksvoll spiegelt das 8. Loch die Theorie Colts wider, wonach akkurate Vorausplanung der puren Länge vorzuziehen ist. Die Ausgrenze links zwingt den Akteur, die rechte Seite der Spielbahn zu wählen. Den besten Ausgangspunkt für den zweiten Schlag über die Barrikade der Crossbunker hinweg erreicht freilich nur derjenige, der es auf sich nimmt, zwei hohe Bäume im Flug zu nehmen. Der Zugang zum kleinsten Grün des Areals wird durch drei gut verteilte Bunker erschwert.

Lough Belfast ist unmittelbar linker Hand, wenn man die Löcher 9 und 10 abschreitet. Un-

gewöhnlich gestaltet ist auch das 11.: Der Abschlag liegt fast am Wasser, von wo es über eine Ginsterwand hinweg steil bergan zum bunkerlosen Grün geht. Wer es trifft, wird sich wundern, welche Erleichterung zwei Putts zum Par 3 auslösen können.

Wem der Drive durch die enge Schneise des 12. Loches gelingt, hat die beste, aber auch anspruchsvollste Passage der Partie hinter sich gebracht. Zwei Par 5 auf den letzten drei Löchern laden zur Aufholjagd ein auf einer Runde, die ganz den Akkord zwischen technischer Finesse und dekorativer Idylle sucht.

Das 12. Fairway, ein aufgeschlagenes Landschaftsbuch: Der Terrassenrasen, Lough Belfast und die Hügel von Antrim lenken vom eigentlichen Geschehen ab.

Im Visier der Wikinger

ARDGLASS GOLF CLUB

Hinter dem 18. Grün duckt sich das Clubhaus, eher eine in die Klippen gemeißelte Burg.

Auf Schritt und Tritt begegnet man in Ardglass der meist nicht sehr friedlichen Geschichte. Der kleine Ort am Ringfad Point der Irischen See ist mit Burgruinen voll gepflastert. Sie erinnern an seine strategische Bedeutung im Mittelalter, wenn sich wieder einmal ein englischer König nach Irland wagte.

Zuvor hatten die Wikinger ihr begehrliches Auge auf das natürliche Hafenbecken mit seinem fruchtbaren Hinterland geworfen. Mit ihren pfeilschnellen Drachenschiffen landeten sie etwa dort, wo heute der 1. Abschlag liegt. Er gleicht eher einer Festung denn dem Auftakt zu einem Par 4.

Vier gewaltige Kanonen mit gussgeformten Nachrichten aus alter Zeit geben die Richtung für den Drive an. Sie stehen im Schatten einer in die Klippe gehauenen Burg, die heute als Clubhaus dient. Der geheimnisvolle Geruch der Geschichte ist dem Gemäuer noch längst nicht entwichen.

Das 4., ein Loch wie ein Drahtseilakt direkt an den Klippen der Irischen See.

Es mag nicht jedermanns Sache sein, gleich zu Beginn den Ball über ein Stück der offenen See hinweg zu befördern. Sie sollten sich dieses gewiss nicht ungefährliche Vergnügen dennoch gönnen und den hinteren Abschlag wählen. Die Bahn führt steil bergan auf den höchsten Punkt des Platzes. Es ist eine Last für die Beine und eine Lust für das Auge.

Das nachfolgende Par 3 wird Ihre gesamte Konzentration und Tapferkeit beanspruchen. Es ist eines der spektakulärsten kurzen Löcher,

denen man überhaupt begegnen kann. Allein seinetwegen lohnt der Abstecher. Die nur 147 Meter lange Strecke, die sich bei Gegenwind unangenehm auszudehnen vermag, schwingt sich von Klippe zu Klippe. Zwischen Abschlag und Grün liegt nichts als das tosende Meer. Nur schwindelfreie Akteure werden an diesem »schwebenden Verfahren« ihre Freude haben bei dem Versuch, die Fahne »carry« anzusteuern.

Überhaupt trägt die Gruppe der Par 3 zum Reiz der Runde bei. Das 9., genannt »The Cottage«, steuert diagonal auf die See zu. Den rechten Grünrand begrenzt eine alte, strohgedeckte Fischerkate. Im Sturzflug eines Fischreihers, der die Partie durchaus begleiten kann, katapultiert das 11. vom hoch gelegenen Tee auf das Wasser zu, wo Corney Island für einen pittoresken Hintergrund sorgt. Am 17. schließlich entpuppt sich das unnachgiebig nach links hängende Grün als Störenfried.

In der Zwischenzeit hat die Runde das schönste Stück eines abwechslungsreichen Hochplateaus gänzlich für sich eingenommen. Der 18. Abschlag lässt noch einmal den prächtigen Fernblick auf die Isle of Man und die berühmten Konturen der Mourne Mountains zu, bevor sich die Bahn im Gemäuer des geschichtsträchtigen Kastells festbeißt. Beispiele schöner handwerklicher Schmiedekunst in seinem Innern verraten, dass die Wikinger mehr gewesen sein müssen als ein Volk wilder Barbaren mit Hörnerhelmen auf den Köpfen.

Königliches Kostüm

ROYAL COUNTY DOWN GOLF CLUB

Seit Albert Einstein ist alles relativ. Absolutes gehört der Vergangenheit an. Trotzdem, Royal Co. Down muss als einer der besten Links der Welt gelten. Wer anderer Meinung ist, dem wünsche ich viel Glück.

Die erste Begegnung mit einem Küstenplatz entfacht auf Anhieb nur selten Begeisterung. Das eigenartig spröde, scheinbar dekorarme und oft auf einfachste Formeln reduzierte Spielgelände lässt sich keinem Kalkül unterwerfen und erfordert eine besondere Empfindsamkeit.

Kein Gang leichten Genießens erwartet eine Klientel, die, gewöhnt an das artig in Szene gesetzte farbige Gefieder der Inlandplätze, auf das deckungslose, leer geräumte Spielfeld irritiert reagiert. Mit Geduld muss die Formel, von der ein Licht nach innen ausgeht, enträtselt werden. Aber wer aus den Fairways zu lesen versteht, für den ist das Buch, das vom Zauber der Ursprünge einer ganzen Sportart handelt, weit aufgeschlagen.

Royal Co. Down indes verführt sofort mit dem Sog seiner Stimmung und einem unnachahmlichen Rhythmus. Er wuchert mit dem Geschenk der Natur. Hier lohnt es sich einzukehren, ohne überhaupt einen Schläger in der Hand zu halten. Man könnte eine kleine Ewigkeit verweilen, ohne ans Spielen zu denken. Selbst Golf-Atheisten müssen da gläubig werden.

Der Platz befindet sich am Rande des Seebades Newcastle und versteckt sich in den Dünen oberhalb des Strandes. Im Frühsommer ertrinkt die Anlage im schmetternden Gelb des Ginsters. Immer gegenwärtig ist der eindrucksvolle Höhenzug der Mourne Mountains, der die Szenerie prägt.

Nordirlands schönste Bergwelt korrespondiert erstaunlich mit dem Meer zu ihren Füßen: Als hätten ihre Konturen ein geheimes Abkommen mit den Wellen der Irischen See getroffen, ahmen sie deren Bewegungen nach. Wenn die Stimmen der Lerchen die Stille zwischen den isoliert gelegenen Fairways unterbrechen, glaubt man dem Paradies sehr nahe zu sein.

Freilich, ein goldener Rahmen allein bürgt noch nicht für die Güte eines Platzes. Co. Down hingegen ist auch ein Ort, wo alle Tugenden golferischen Könnens zum Tragen kommen. Wer hier bestehen will, muss außerdem das Alphabet der Demut auswendig gelernt haben.

Um den 1889 gegründeten Club rankt sich eine Fülle von Legenden. Der Wahrheit entspricht es allerdings, dass mit der Platzgestaltung Old Tom Morris beauftragt wurde. Sein Honorar sollte den Betrag von 4 Pfund nicht überschreiten – dieser Lohn muss auch für damalige Zeiten als bescheiden gelten.

In Newcastle konnte der fast siebzigjährige vierfache Open-Champion mit dem denkbar kostbarsten Material arbeiten. Die Natur hatte bereits wertvolle Vorarbeit geleistet und die Dünen so angeordnet, dass sich die Spielbahnen zwischen ihnen schwungvoll ausbreiten konn-

ten. Versteckte Nischen boten sich für die Positionen der Grüns an und manche Sanderhebung konnte auch ohne größere Erdbewegung für die Abschläge genutzt werden.

Als genial zu bezeichnen ist hingegen das Muster der Streckenführung. Für einen Links unerwartet wechselt die Runde auf den ersten neun Löchern wiederholt ihre Richtung, um dann auf der »Home«-Passage das Gelände mit einer lang gezogenen Schleife auszuschöpfen. Die Eröffnungsphase erstreckt sich zunächst entlang der malerischen Dundrum Bay, wobei ein Par 5 gleich zu Beginn eine durchaus komfortable Birdie-Chance bietet.

Mit dem Richtungswechsel am 4. gibt die Runde für kurze Zeit ihren fast intimen Charakter auf. Vom hoch gelegenen Tee, das im

wuchernden Ginster zu ersticken droht, schweift der Blick weit über den Platz hinweg in Richtung Stadt.

Slieve Donard, der höchste Berg der Mourne Mountains, beherrscht den Hintergrund. Der Drive am 5., eines der ersten Doglegs in der Golfgeschichte, erfordert einen mutigen Schlag über die rechte Ecke der quer laufenden Heideerhebung, soll das Grün mit zwei Schlägen erreicht werden.

Eine ähnlich kühne Entscheidung in entgegengesetzter Richtung ringt einem das 6. ab, während das 7. Loch ein feines Exemplar für die Liebhaber kurzer Par 3 ist: Wie eine erstarrte Welle duckt sich das kleine Grün hinter einem Crossbunker und flutet in mehreren Schüben

Im Frühjahr droht die Eröffnungssequenz – hier das 4. Loch – im schmetternden Gelb des Ginsters zu ertrinken.

Richtung See. Ein hoch gelegenes Grün und immense Bunker dominieren das 8. Loch. Sie alle sind hier prächtig in die Erde gemeißelt und sehen, wenigstens von außen betrachtet, einladend aus. Mit ihren buschigen Rändern zwinkern sie einem schon von weitem zu wie listige Augenbrauen. Aber schließlich ist es der Treibschlag über einen Kamm hinweg am 9., der die dramatischen Dimensionen von Co. Down zusammenfassend bündelt.

Die Wende ist direkt unterhalb der Clubhausbar erreicht und startet mit einem langen Par 3, dessen Grün sich am Ende eines engen Korridors versteckt. In gleicher Richtung verlaufen nunmehr die nächsten vier Löcher, wo allenfalls das 12., ein Par 5, eine reelle Birdie-Chance offeriert. Weniger wahrscheinlich sind solche Hoffnungen am 13., wo die Bahn schwungvoll nach rechts abdreht und das Grün für den zweiten Schlag unsichtbar bleibt.

Es soll dies der letzte der so genannten »blinden« Schläge sein, die dem Spieler abverlangt werden. Dafür ist der Platz von manchem kritisiert worden. Historisch betrachtet war Golf jedoch immer ein mysteriöses Spiel, eine Odyssee voller Überraschungen und Unabwägbarkeiten, und es ist ein Trugschluss anzunehmen, der Akteur müsse immer das Ende der Fahnenstange sehen.

Es macht den Reiz dieses Sports aus, Widersprüche hinzunehmen. Blinde Löcher sind überdies ein Beispiel auch dafür, dass sie der Natur abgerungen wurden. Platzarchitektur zeigt sich dort von der besten Seite, wo sie kaum bemerkt wird.

Flugsand und heftig bewegtes Marschland signalisieren am 14. Loch den Stimmungsumschwung der Runde. Die Dünen weichen zurück und überlassen der Schlusspartie eine offe-

ne, fast pastorale Bühne. Nach dem längsten, zudem auch bergauf verlaufenden 15. Loch wirkt das kurze 16., gleichfalls ein Par 4, wie eine Erlösung. Geübte Akteure mögen das Grün bereits mit dem Abschlag treffen. Indes lauert, gänzlich ohne Vorwarnung, in einer Senke ein

Landschaft und Loch aus einem Guss: Co. Downs 9. Loch bündelt die dramatische Dimension des Platzes, während jenseits des Grüns die schwarzblauen Schatten der Mourne Mountains dämmern.

kleiner Teich auf die geringste Abweichung des Balles.

Nach all der kräftezehrenden Prozession muss ausgerechnet mit dem Schlussloch das längste Par 5 kommen. Erst nach gut 500 Metern gerät das blendend weiße Clubhaus, eine vikto-rianische Wunderkammer, ins Blickfeld. Immer verlasse ich den Platz, wie ich auch die National Gallery in Dublin verlasse: überwältigt, mit lee-ren Händen, aber den Kopf voller Bilder und Ein-drücke, die nie vergehen. Eine wahrhaft könig-liche Adresse!

Ausblicke aus meinem Golfbag

MALONE GOLF CLUB

In einer Stadt, in der mit Blut nicht gespart wurde, tut ein Platz wie Malone besonders gut. Er ist eingebettet in einem üppig blühenden Landsitz, der einst Prunkstück der Queens-Universität war. Vom baronalen Clubhaus aus, in dessen altem Gemäuer man sich ohne weiteres verlaufen kann, hat man den besten Blick über das Gelände.

Weich wie sein Name verläuft die Runde in zwei separaten Schleifen durch die sanft gewellte Parklandschaft. Lichte Laubwälder begleiten den Spieler auf den ersten neun Löchern, während die »Home«-Löcher mit ihrem allgegenwärtigen See und der kräftigen Botanik die Vorstellung eines exemplarischen »formal gardens« widerspiegeln.

Malone Golf Club

Das stimmungsvolle Weichbild kann davon ablenken, dass die Partie bei 6000 Meter Länge und Par 70 von Schwierigkeiten gespickt ist. Der Drive am 7. Loch etwa muss bei hängendem Fairway die möglichst linke Seite wählen. Dort freilich lauert der Fluss Lagan. Wer die sichere rechte Hälfte ansteuert, dem versperrt prächtiger Baumbestand den Grünzugang.

Nach der Wende greift der See wiederholt ins Spielgeschehen ein. Angesichts der neugierig springenden Forellen hätte auch Petrus hier seine Freude. Das Grün des 14. liegt eingerahmt unmittelbar am See. Die Palme der Runde gebührt aber ausgerechnet dem kürzesten Loch. Als wolle sich das Wasser mit langem Finger seinen Zugriff sichern, schneidet es sich tief zwischen Abschlag und Grün des 15. ein. In dieser amphibischen Umgebung wirkt die Fahne wie ein rettender Leuchtturm.

Die Schlusslöcher führen mit hügeligem Ablauf an Herrenhäusern vorbei, die vom einstigen Reichtum Belfasts als Zentrum der Leinenweberei künden. Ein Platz wie ein Salon.

BELVOIR PARK GOLF CLUB

Die Entdeckung im Grüngürtel der Stadt heißt Belvoir Park (gesprochen: biwer). Statt Alltagssorgen ein Landschaftspark mit Rhododendren, Zypressen und Lärchen. Wenn Sie am 16. Loch zu weit links geraten, müssen Sie Ihren Ball unter einer jahrhundertealten Thuja suchen. Auch vom

Fernblick auf den Hafen mit seiner Werft, wo einst die legendäre Titanic gebaut wurde, lässt man sich gerne ablenken.

Das heftig bewegte Gelände, auf dem bereits zweimal die »Irish Open« ausgetragen wurde, weist kaum Schwachstellen auf und paradiert insbesondere im zweiten Durchgang mit seinen Möglichkeiten. Hier, in der Osthälfte des Platzes, greift mehr und mehr der Fluss Lagan ins Spiel ein und muss wiederholt überflogen werden. Neben der Aufgabe, nach jedem verirrten Ball zu schnappen, trennt er auch die Grafschaften Antrim und Down. Auch wer sich in Belvoir Park schwer tut, wird immer das Gefühl haben, einem Tröster begegnet zu sein.

GRACEHILL GOLF CLUB

Schon sein Name verheißt eine »weiche Landung«, und wer all den Baumriesen entgegentritt und staunen darf, wie Efeu Rotbuche und Rosskastanie zusammenfesselt, spielt kurzzeitig mit dem Gedanken, der ganzen Küstenglückseligkeit untreu zu werden.

In Gracehill regiert die Harmonie und alles ruht in sich selbst. Ein gelassener Ton, der vom Lob der Langsamkeit kündet, liegt über dem Terrain, das einst wertvolles Farmland und eine Pferdezucht beherbergte.

Aber die Runde ist wahrlich kein Rührstück. Lady Grace Lynd of Stewartstown, nach der die Domäne benannt ist – ein Geschenk ihres Gatten James aus dem Jahre 1772 –, muss eine ausgeprägte Vorliebe für Bäche und Rinnsale gehabt haben. Sie sind auch heute noch springlebendig, an manchen Stellen gestaucht und umgeleitet, sodass sie den Golfer an nicht weniger als elf Löchern zur »Unterordnung« zwingen. Ein maritimer Kompass ist dabei insbesondere

auf der Passage vom 6. zum 12. Loch willkommen.

All das wird nicht plakativ aufgetragen, sondern fügt sich willig in die gewachsene Umgebung. Gracehill, das mit Redaktionsschluss dieser Zeilen fertiggestellt wurde, labt sich nicht am Momenterfolg, sondern porträtiert die Ästhetik neu. Allemal fein hingetupfte Miniaturen auf den Par 3.

Dazu passt Caroline Dicksons hinreißende Verwandlung der alten Stallungen in ein Clubhaus, auf das Kontinentalbesucher mit entzücktem Erstaunen reagieren.

CLANDEBOYE GOLF CLUB

Von diesem Abschiedsblick wieder loszukommen, fällt schwer. Das Auge ist dauernd beschäftigt: Draußen auf der See die schottische Halbinsel Kintyre; wenn es das Wetter zulässt, taucht auch die Isle of Man im Dunst auf; südlich dann, über den Strangford Lough hinweg, verfängt sich der Blick an den dunklen Bergen der Mourne Mountains. Das alles sehen wir, über Ginster und Rhododendron hinweg, vom ersten Tee des Clandeboye Golf Club aus. Der Platz ist einem Bergrücken östlich von Belfast abgerungen. Der Club

Gracehill Golf Club

verfügt über zwei unterschiedlich gestaltete 18-Löcher-Plätze – ein Tag in dieser luftigen Höhe ist schwerlich zu übertreffen.

Der längere von beiden, »Duffin Course«, gilt als meisterschaftswürdig. Es ist eine atemlos machende Hängepartie entlang der Nordseite des Bergrückens, wo sich der Ginster wie dunkelgelbe Gebirgsbutter ausbreitet. Neben dem Schlussquartett wird das 6. Loch, »Rathgill« genannt, in Erinnerung bleiben.

Die rechte Seite des langen Par 5 ist komplett bewaldet. Der quer laufende Fluss in etwa 200 Meter Entfernung birgt die Hauptgefahr für den Abschlag.

Wer einen harmonischen Nachmittag verleben will, muss den kürzeren »Ava Course« aufsuchen. Bei seiner Gestaltung hatte der im eigenen Lande umstrittene deutsche Golfplatzarchitekt Bernhard von Limburger seine Hand im Spiel.

Die Abschlagsbegrenzungen sind durch kleine Holzstämme markiert. Ein Zeichen, dass wir uns in dichtem Forstgebiet befinden. Hochmoor und Heide bereichern die Vegetation. Das beste Loch erwartet uns am 6. Ein kleiner See begleitet dieses delikate Par 3 mit seiner Ruine im Hintergrund. Clandeboye jedenfalls geizt nicht mit szenischen und stilistischen Phantasien.

Belvoir Park Golf Club

Erläuterungen zur Platzbewertung

Sagen wir es geradeaus: Wer den Versuch wagen sollte, die zehn besten Weine, die fünf schönsten Frauen und das bedeutendste Kunstwerk der Welt zu benennen, wird Widerspruch von allen Seiten ernten und sich alsbald an seinem gebührenden Platz wieder finden, nämlich zwischen allen Stühlen.

Wo Ranglisten verteilt werden, kommen zwangsläufig Wettbewerb und Neid ins Spiel. Die Flut von Vorwürfen wird reichen von Bestechlichkeit bis Voreingenommenheit. Die ausgeprägte Hingabe der Golfer zu ihrem Sport hat schon eine Reihe von Schönheitskonkurrenzen ins Leben gerufen.

Sie enden alle in heftigen Wortgefechten. Fragen Sie vier Clubmitglieder nach der besten Anlage und Sie werden vier verschiedene Antworten erhalten. Die einen werden das landschaftliche Umfeld als entscheidend herausstellen, andere die Herausforderung einer Runde. Manche werden sich an ihr erstes As oder die Begegnung mit ihrer zweiten Frau erinnern, um diesem Platz vor jedem anderen den Vorzug zu geben.

Auffällig ist auch, dass bei älteren Akteuren die Annehmlichkeit des Clubhauses mitsamt seiner Gastronomie ins Gewicht fällt. Und wer wollte eine Anlage kritisieren, die einem schon gute Resultate eingebracht hat. Das alles ist nachvollziehbar und verständlich, hat aber bei der Platzbewertung nur ein passives Stimmrecht.

Die Kriterien für den technischen Platzwert in diesem Buch orientieren sich eng am Ranking des Golf Digest, USA, dem ältesten und bedeutendsten seiner Art. Es umfasst sieben Kategorien:

1. SHOT VALUES

Fordern die Löcher alle Fertigkeiten des Spielers gleichrangig? Verlangen sie Genauigkeit, Länge und taktische Vorausplanung der Schläge?

2. RESISTANCE TO SCORING

Wie schwer und doch fair ist der Course für einen Scratchgolfer? Hat auch der Durchschnittsgolfer noch Freude daran?

3. DESIGN BALANCE

Wie variantenreich ist der Course angelegt? Wechseln lange mit kurzen Bahnen, gerade mit Doglegs, steile mit flachen? Wie sind die Hindernisse platziert?

4. GRÜNS

Inwieweit trägt der jeweilige Grünaufbau zum Gelingen des Loches bei?

5. MEMORABILITY

Inwieweit leisten die einzelnen Löcher ihren Beitrag zum Gelingen des Gesamtkonzeptes?

6. ÄSTHETIK

Wie sehr prägt die landschaftliche Kulisse das Spielgeschehen?

7. PLATZZUSTAND

In welchem Zustand befinden sich Abschläge, Fairways und Grüns?

8. TRADITION

Hat der Club zur Entwicklung des Golfsports beigetragen?

Auf dieser Grundlage errechnet sich die Zahl innerhalb des Golfballs, die in der letzten Spalte der Übersichtstabelle steht. Sie enthält die nachfolgende Einschätzung:

1

Ein primitiver Platz in erbärmlichem Zustand. Lassen Sie sich nicht überreden, ihn zu spielen. Er könnte Ihr Golfgemüt vergiften.

2

Ein mittelmäßiger Course, von wenig architektonischem Interesse und bestimmt auch kein »Augenschmaus«.

3

Ein Durchschnittsplatz. Einigen guten Löchern wird man begegnen. Nicht mehr.

4

Kaum der Rede wert, aber mit einigen szenischen Farbtupfern versehen. Auch reserviert für Plätze, die außer ihrer Historie wenig aufzuweisen haben.

5

Ein guter Kurs, den man »mitnehmen« kann, falls er auf dem Wege liegt.

6

Ein sehr guter Platz, der jeden Umweg wert ist. Er wird nicht höher eingestuft, weil er entweder szenische oder architektonische Defizite aufweist.

7

Ein ausgezeichneter Platz, treffliches Design, interessante Löcher, landschaftliche Besonderheiten. Er wird nicht höher eingestuft, weil es ihm entweder an Länge oder am Durchhaltevermögen der einzelnen Löcher fehlt.

8

Eine der besten Anlagen des Landes. Ein Ziel, das auch lange Anfahrten rechtfertigt. Exzellentes Design, und ein Augenschmaus obendrein.

9

Kann sich mit den bedeutendsten Plätzen der Welt messen und setzt auch für Europa Maßstäbe. Kaum Schwachpunkte hinsichtlich Streckenführung und Raumregie. Großartige Kulisse. Gehört in die Kollektion jedes ernsthaften Golfers und sollte von ihm wenigstens einmal im Leben gespielt werden.

10

Fast perfekt, wenn es so etwas überhaupt gibt. Muss mit den 100 besten Plätzen der Welt in einem Atemzug genannt werden. Wer ihn niemals betreten hat, weiß nicht, was ein Golfplatz wirklich hergeben kann. Legen Sie das Buch beiseite und fahren Sie hin. Am besten sofort.

Übersichtstabelle

Platz	Anschrift Telefon (Vorwahl 00 353)	Länge (Medal Tee) Par	Architekt	Clubhaus-Kurzporträt	Bewertung
Portmarnock Old Course (1)	Strand Road Portmarnock 1 – 8 46 29 68	6691 Meter P 72	W. L. Pickeman, G. Campbell	beherbergt den Geist des Golfsportes bis in die letzten, ehrwürdigen Ritzen	10
Portmarnock Hotel & Golf Links (2)	Strand Road Portmarnock 1 – 8 46 18 00	6195 Meter P 71	B. Langer (S. Eby)	in den einstigen Stammsitz der Whiskey-Dynastie Jameson integriert	8
Royal Dublin (3)	Dollymount, Dublin 1 – 8 33 63 46	6281 Meter P 72	H. S. Colt, G. Campbell	so geradlinig der Platz, so verwinkelt dieses weiß getünchte Gebäude	8
The Island (4)	Corballis, Donabate 1 – 84 36 46 23	6053 Meter P 72	F. Hawtree, E. Hackett	bringt jeden Tagesplan durcheinander	9
The Kildare Hotel & Country Club (5)	Straffan, Co. Kildare 1 – 6 27 31 11	6515 Meter P 72	Arnold Palmer	wie aus der Serie »Denver Clan«; mit allem Komfort, einschließlich Schuhputzservice	9
Druids Glen Golf & Country Club (6)	Newtownmountkennedy, Co. Wicklow 1 – 2 87 36 00	5996 Meter P 72	P. Ruddy, T. Craddock	ehemaliger Bischofssitz aus dem 18. Jahrhundert mit allen profanen Annehmlichkeiten	9
The European (7)	Brittas Bay, Co. Wicklow 404 – 4 74 15	6315 Meter P 72	P. Ruddy	von ländlicher Bescheidenheit, aber nicht ohne Herzlichkeit	8
County Louth Golf Club (8)	Baltry, Co. Louth 41 – 2 23 92	6791 Meter P 73	T. Simpson C. Barcroft	kommt meiner Idealvorstellung von einem 19. Loch ziemlich nahe	8
St. Margaret`s Golf Club (9)	Skephubble, St. Margaret's, Co. Dublin 1 – 8 64 04 00	6416 Meter P 72	P. Ruddy, T. Craddock	durchdachte Funktionalität auf zwei Stockwerken	6
Sutton Golf Club (10)	Cush Point, Sutton, Co. Dublin 1 – 32 30 13	5193 Meter P 67	J. Harris	gilt als Refugium für jeden durstigen Spieler, frei von allen »Judasküssen«	5
Hermitage Golf Club (11)	Ballydowd, Lucan, Co. Dublin 1 – 6 26 84 91	5925 Meter P 71	R. McKenna	geräumiges, etwas kühles Gebäude direkt über dem River Liffey	6
Powerscourt Golf Club (12)	Enniskerry, Co. Wicklow 20 – 4 60 33	6410 Meter P 72	P. McEvoy	für die »weißblauen Stunden« im Leben	7
Kilkea Castle Golf Club (13)	Kilkea Castle, Castledermot, Co. Kildare 503 – 4 51 56	6123 Meter P 70	McDaia, Cassidy, Gilbert	auf jeden Fall neueren Datums als das Castle	6

Platz	Anschrift Telefon (Vorwahl 00 353)	Länge (Medal Tee) Par	Architekt	Clubhaus-Kurzporträt	Bewertung
MOUNT JULIET GOLF CLUB (14)	Mount Juliet, Thomastown, Co. Kilkenny 56 – 2 47 25	6418 Meter P 72	Jack Nicklaus	äußerst angenehmes Stein-Country-House mit allem Komfort, einschließlich Massage	9
CORK GOLF CLUB LITTLE ISLAND (15)	Little Island, Co. Cork 21 – 35 34 51	6320 Meter P 72	A. Mackenzie	zweigeschossiges Landhaus, das das heiter-gelassene Selbstbewusstsein der Corkonians reflektiert	7
FOTA ISLAND GOLF CLUB (16)	Fota Island, Carrigtwohill, Co. Cork 21 – 88 37 00	6355 Meter P 72	P. McEvoy	architektonisch interessanter heller Backsteinbau mit dem »Niblick«-Restaurant als Treffpunkt	7
ADARE MANOR GOLF CLUB (17)	Adare, Co. Limerick 61 – 39 62 04	5215 Meter P 70	J. Harrington	rustikales, holzgetäfeltes Ambiente ohne Altar	5
ADARE HOTEL & GOLF CLUB (18)	Adare Manor Hotel, Adare, Co. Limerick 61 – 39 61 24	6454 Meter P 72	R. Trent Jones sen.	dann doch lieber ins Adare Manor Hotel, ersetzt einen Ausflug nach Versailles	7
OLD HEAD GOLF LINKS (19)	Pembroke House, Kinsale 21 – 77 84 44	6417 Meter P 72	J. Carr, R. Kirby, P. Merrigan	faszinierend wie der Platz	9
KILLARNEY GOLF & FISHING CLUB (20)	Mahony's Point, Killarney, Co. Kerry 64 – 3 10 34	6152 Meter / P 72 (Mahony's Course) 6474 Meter / P 72 (Killeen Course)	G. Campbell, Lord Castlerone W. O'Sullivan, E. Hackett	mit Hochglanz, aber ohne rechte Seele an einem Ort, wo man die Seele baumeln lässt	7 7
RING OF KERRY GOLF CLUB (21)	Templenoe, Kenmare, Co. Kerry 64 – 4 20 00	6277 Meter P 72	Roger Jones	gemütliches zweistöckiges Cottage mit Aussicht	6
ROSSLARE GOLF CLUB (22)	St. Helen's, Kilrane, Co. Wexford 53 – 3 32 34	6091 Meter P 72	F. Hawtree, J. Taylor, C. O'Connor jun.	Rundumservice mit Unterkunft im Annexe	5
DROMOLAND GOLF & COUNTRY CLUB (23)	Dromoland Hotel & Estate, Newmarket-on-Fergus, Co. Clare 61 – 36 84 44	5719 Meter P 71	B. Wiggintain, R. Trent Jones sen. (Erw.)	kleine Kate, die nicht davon ablenken soll, dass das Hotel gleich nebenan liegt	5
WATERFORD CASTLE GOLF CLUB (24)	The Island, Ballinaskill 51 – 7 93 16	6209 Meter P 72	Des Smith	auf Sandwich-Basis, wird gerade erweitert	6
CARLOW GOLF CLUB (25)	Deerpark, Dublin Road, Carlow, Co. Carlow 503 – 3 16 95	5844 Meter P 71	T. Simpson	moderner Bungalow mit riesiger Bar	5
WEST WATERFORD GOLF CLUB (26)	Coolcormack, Dungarvan, Co. Waterford 584 – 32 16	6613 Meter P 72	P. Spratt	ebenso freundlich und entspannt wie der Platz	5
GOLD COAST GOLF CLUB (27)	Ballymacmague, Co. Waterford 58 – 4 22 49	6190 Meter P 72	M. Fives	wird noch fertiggestellt	5

Platz	Anschrift Telefon (Vorwahl 00 353)	Länge (Medal Tee) Par	Architekt	Clubhaus-Kurzporträt	Bewertung
FAITHLEGG GOLF CLUB (28)	Faithlegg House, Faithlegg Co. Waterford 51 – 38 22 41	5497 Meter P 72	P. McEvoy	integriert ins Faithlegg House, ein Herrensitz, von Cornelius Bolton 1793 erbaut und renoviert	6
TRAMORE GOLF CLUB (29)	Newton Hill, Tramore, Co. Waterford 51 – 8 61 70	5998 Meter P 71	Col. Tippet	ein schlichter Bau mit »Schwarzwaldblick« und Übernachtungsmöglichkeit	5
GLENGARRIFF GOLF CLUB (30)	Glengarriff, Co. Cork 27 – 6 31 50	4094 Meter P 66	J. Brooks	ein Chalet mit Wintergarten	5
PARKNASILLA GOLF CLUB (31)	Great Southern Hotel, Sneem, Co. Kerry 64 – 45 1 22	2760 Meter P 35	F. Hawtree	im Hotel, eine Trutzburg viktianischer Provenienz, mit subtropischem Garten und eigenem Seeanstoß	4
WATERVILLE GOLF LINKS (32)	Waterville, Co. Kerry 66 – 7 41 02	7184 Meter P 72	E. Hackett	zweistöckiger Holzbau mit Atlantikausblick	9
TRALEE GOLF CLUB (33)	West Barrow, Ardfert, Co. Kerry 66 – 3 63 79	6252 Meter P 71	Arnold Palmer	herrliche Aussicht vom Restaurant im 1. Stock über den Platz hinweg auf den Atlantik	8
DOOKS GOLF CLUB (34)	Glenbeigh, Killorglin, Co. Kerry 66 – 6 84 76	5814 Meter P 70	E. Hackett (Revision)	klein, aber klassisch, mit nobler Holztäfelung	7
BALLYBUNION GOLF CLUB (35)	Sandhill Road, Ballybunion, Co. Kerry 68 – 2 71 46	6093 Meter / P 71 (Old Course) 5953 Meter / P 72 (New Course) Cashen	Mutter Natur mit Eingebungen von P. Murphy, L. Hewson, Miss Gourlay und T. Simpson R. Trent Jones sen.	wenn Sie dieses Buch im Bus lesen, steigen Sie sofort aus und buchen Sie Lunch im Clubhaus, das der »Titanic« vor ihrem Untergang nachempfunden sein muss	10 8
LAHINCH GOLF CLUB (36)	Golf Road, Lahinch, Co. Clare 65 – 810 03	6.123 Meter P 72 (Old Course)	Old Tom Morris A. Mackenzie	man könnte länger verweilen, wenn der Platz nicht so verführerisch wäre – Golf-Antiquitäten im Erdgeschoss	9
CEANN SIBEAL GOLF CLUB (37)	Ballyferriter, Co. Kerry, 66 – 6 52 55	6123 Meter P 72	E. Hackett, C. O'Connor jun. (zweite 9 Löcher)	wie ein warmer Wollmantel in wundersamer Abgeschiedenheit	8
CONNEMARA GOLF CLUB (38)	Ballyconneely, Clifden, Co. Galway 95 – 2 35 02	6611 Meter P 72	E. Hackett	Altbundespräsident Walter Scheel wollte von diesem stimmungsvollen Ambiente gar nicht wieder weg	7
BEARNA GOLF CLUB (39)	Corboley, Bearna, Co. Calway 91 – 59 26 77	6174 Meter P 72	J. R. Browne	prächtiger Steinbau aus dem Füllhorn einer Fee oder der EU-Bürokraten	7
ASHFORD CASTLE GOLF CLUB (40)	Ashford Castle Hotel, Cong, Co. Mayo 92 – 4 60 03	2716 Meter P 35	J. Kinselea	eine Einkehr ins »Landhaus« von Sir B. Lee Guinness ist unwiderstehlich	5

Platz	Anschrift Telefon (Vorwahl 00 353)	Länge (Medal Tee) Par	Architekt	Clubhaus-Kurzporträt	Bewertung
WESTPORT GOLF CLUB (41)	Carrowholly, Westport, Co. Mayo 98 – 2 82 62	6412 Meter P 73	F. Hawtree	etwas düsterer Bau im Banne des »heiligen Berges«	5
ACHILL GOLF CLUB (42)	Keem Strand, Dogart, Achill Island 98 – 4 51 72	3452 Meter P 34	Mutter Natur mit Einflüsterungen der Dorfbewohner	ein ausrangierter Campingwagen mit mal kuhwarmer oder saurer Milch zum Tee-Selfservice	2
CLANN-LIR CARNE GOLF CLUB (43)	Belmullet, Co. Mayo 97 – 8 22 92	6090 Meter P 72	E. Hackett	ein besonders schönes Beispiel der reichlich sprudelnden EU-»Gießkanne« aus Brüssel	8
COUNTY SLIGO GOLF CLUB AT ROSSES POINT (44)	Rosses Point, Sligo, Co. Sligo 71 – 7 71 86	6043 Meter P 72	H. S. Colt, Alison, A. Mackenzie	Tudor-Fachwerk, in das schon W. B. Yeats gern einkehrte	8
ENNISCRONE GOLF CLUB (45)	Enniscrone, Golf Road, Co. Sligo 97 – 8 22 92	6156 Meter P 72	E. Hackett	zweckmäßiger Flachbau mit Panorama-Westfront	7
DONEGAL GOLF CLUB (46)	Murvagh, Balintra, Co. Donegal 73 – 3 40 54	6621 Meter P 73	E. Hackett	ein moderner Tempel für alle Temperamente – ausgenommen die 2. Damenmannschaft des Clubs	6
NARIN & PORTNOO GOLF CLUB (47)	Narin/Portnoo, Co. Donegal, 75 – 4 51 07	5322 Meter P 69	P. Carr und Mutter Natur	ersetzt jede Pub-Safari und diverse Kunst-Reiseführer	6
CRUIT ISLAND GOLF CLUB (48)	Dungloe, Cruit Island, Co. Donegal 75 – 4 31 42	3219 Meter P 35	unbekannt	am Klippenrand – unbedingt Übernachtung in den »Thatched Cottages« buchen (Tel. 71 – 7 71 97)	7
PORTSALON GOLF CLUB (49)	Portsalon, Fanad, Co. Donegal 74 – 5 94 59	5376 Meter P 69	M. Kerr	wie eine weißblau gekleidete Prinzessin vor ihrer Erstkommunion	8
ROSAPENNA GOLF CLUB (50)	Downings, Co. Donegal, 74 – 5 53 01	5509 Meter P 70	Old Tom Morris, J. Braid, H. Vardon	im großartig gelegenen Golf Hotel direkt über der Sheep Haven Bay – bestes Brot Irlands?	8
BALLYLIFFIN GOLF LINKS CLUB (51)	Ballyliffin, Inishowen, Co. Donegal 77 – 761	5946 Meter P 71 (Old Course) 6.325 Meter P 72 (Glashedy)	unbekannt mit Revisionen von E. Hackett (Old Course) P. Ruddy, T. Craddock (Glashedy)	eine »Herberge zur Glückseligkeit« – lebt von ihrer Lage und ihren Leuten, und davon nicht schlecht	7 8
GALWAY BAY GOLF & COUNTRY CLUB (52)	Oranmore, Co. Galway 91 – 790500	6533 Meter P 72	C. O'Connor jun.	Chris de Burgh hält die Bar für die »schönste der Christenheit«	6
STRANDHILL GOLF CLUB (53)	Sligo, Co. Sligo 71 – 68188	5516 Meter P 69	E. Hackett	die Stein gewordene Inkarnation irischer Hospitality	7
BUNDORAN GOLF CLUB (54)	Bundoran, Co. Donegal 72 – 41302	5785 Meter P 71	Harry Vardon	dafür dient das Great Northern Hotel auf dem Platz – erst kürzlich renoviert	4

Platz	Anschrift Telefon (Vorwahl 00 353)	Länge (Medal Tee) Par	Architekt	Clubhaus-Kurzporträt	Bewertung
SLIEVE RUSSELL GOLF CLUB (55)	Ballyconnell, Co. Cavan 49 – 2 64 44	6410 Meter P 72	P. Merrigan	leuchtender Holzbau als Annex zum gleichnamigen Hotel	6
GLASSON GOLF CLUB (56)	Glasson, Athlone, Co. Westmeath 902 – 8 51 20	6508 Meter P 72	C. O'Connor jun.	in einem umgebauten Gutshaus aus dem 14. Jahrhundert	7
MOUNT TEMPLE GOLF CLUB (57)	Mount Temple, Moate, Co. Westmeath 902 – 8 15 45	5891 Meter P 71	M. Dolan	ein umgebauter Kuhstall, der alle »Sünden der Zufriedenheit« beherbergt	5
ST. PATRICK'S GOLF LINKS (58)	Carrigart, Co. Donegal, 74 – 55114	6395 Meter P 72	E. Hackett	im Carrigart Hotel, sympathisches Golf-Familienhotel	7
ROYAL PORTRUSH GOLF CLUB (59)	Portrush., Co. of Antrim 00 44 – 12 65 – 82 23 11	6234 Meter P 72 (Dunluce Course)	H. S. Colt	man spekuliert auf die »Open Championship« 2004 und hat sich vorsorglich ein neues, gigantisches Clubhaus gezimmert	10
PORTSTEWART GOLF CLUB (60)	Portstewart, Strand Road, Co. of Antrim 00 44 – 12 65 – 83 26 01	6199 Meter P 72 (Strand Course)	Des Griffin, B.Findlay, M.Moss, (Redesign)	rustikales Ambiente in exponierter Lage	9
CASTLEROCK GOLF CLUB (61)	Castlerock, Co. Londonderry 00 44 – 12 65 – 84 83 14	6115 Meter / P 72 2098 Meter / P 33 (Short Course)	Ben Sayers	mit schönem Panorama-restaurant	7
BALLYCASTLE GOLF CLUB (62)	Ballycastle, Co. of Antrim 00 44 – 1 26 57 – 6 25 36	5145 Meter P 71	T. Sheehan	eine kleine »Räucherkammer« am Ende der Dorfstraße	6
ROYAL BELFAST GOLF CLUB (63)	Craigavad, Holywood, Belfast, Co. Down 00 44 – 12 32 – 42 81 65	5766 Meter P 70	H. S. Colt	reflektiert noch immer die Noblesse der einst blühenden Industriestadt	7
ARDGLASS GOLF CLUB (64)	Ardglass, Co. Down 00 44 – 13 96 – 84 12 19	5546 Meter P 70	R. Bell	eine etwas finstere Feierlichkeit in einem Klippen-Castle	6
ROYAL CO. DOWN GOLF CLUB (65)	Newcastle, Co. Down 00 44 – 1 39 67 – 2 33 14	6435 Meter / P 71 (Chamionship Course)	Old Tom Morris	viktorianische Wunderkammer mit Räumen für »Members only«	10
MALONE GOLF CLUB (66)	Upper Malone Road, Dunmorry, Belfast 00 44 – 12 32 – 61 27 58	6602 Meter P 72	F. Pennink	malerisch gelegenes ehemaliges Herrenhaus aus dem frühen 19. Jahrhundert	7
BELVOIR PARK GOLF CLUB (67)	Church Road, Newtownbreda, Belfast 00 44 – 12 32 – 49 16 93	5987 Meter P 71	H. S. Colt	zweigeschössiger Bau mit Full Service	6
GRACEHILL GOLF CLUB (68)	Stranocum, Ballymoney, Co. of Antrim 00 44 – 1 26 57 – 5 12 09	5988 Meter P 72	F. Ainsworth	hinreißende Verwandlung der alten Stallungen in eine »Kapelle der Behaglichkeit«	7
CLANDEBOYE GOLF CLUB (69)	00 44 – 12 47 – 27 17 67	5998 Meter / P 71 (Duffrin) 5262 Meter / P 70 (Ava)	W. R. Robinson, B. von Limburger (Erweiterung)	renovierter Betonklotz mit Fernsicht im Obergeschoss	6 5

Bildnachweis

Adare Manor Hotel: S. 53; Bearna GC: S. 95, 96, 97;
Clann-Lir Carne GC: S. 105, 106;
Druids Glen GC: S. 33; Gracehill GC: S. 151;
Matthew Harris: S. 10, 20, 47, 63, 89, 112;
Brian Lynch: S. 51, 111, 128;
St. Margaret's G & CC: S. 38; Pat O'Dea: S. 127;
Old Head GC: S. 54, 55, 56;
Portmarnock Hotel & Golf Links: S. 19;
Powerscourt GC: S. 39; Ring of Kerry G & CC: S. 60;
Pat Ruddy: S. 27; Hans-Joachim Walter: S. 74, 98, 117

Alle übrigen Bilder, einschließlich der Umschlagfotos,
stammen von Brian D. Morgan.

Umschlagfotos: Brain D. Morgan
Umschlaggestaltung: Werbeagentur Sander & Krause, München
Vorsatzkarte: Computerkartographie Carrle, München

Lektorat: Karin Steinbach
Layout und Satz: BuchHaus Robert Gigler GmbH, München
Herstellung: Manfred Sinicki

Die Deutsche Bibliothek – CIP-Einheitsaufnahme

Fairways zwischen Wasser, Wind und Wolken
Irland für Golfer / Hans-Joachim Walter. –
München ; Wien ; Zürich : BLV, 1999
  ISBN 3-405-15597-5

BLV Verlagsgesellschaft mbH
München Wien Zürich
80797 München

© 1999 BLV Verlagsgesellschaft mbH, München

Das Werk einschließlich aller seiner Teile ist urheberrechtlich
geschützt. Jede Verwertung außerhalb der engen Grenzen des
Urheberrechtsgesetzes ist ohne Zustimmung des Verlages un-
zulässig und strafbar. Das gilt insbesondere für Vervielfältigungen,
Übersetzungen, Mikroverfilmungen und die Einspeicherung und
Verarbeitung in elektronischen Systemen.

Gesamtherstellung: Passavia Druckservice, Passau
Gedruckt auf chlorfrei gebleichtem Papier
Printed in Germany · ISBN 3-405-15597-5

Know-how rund ums Grün

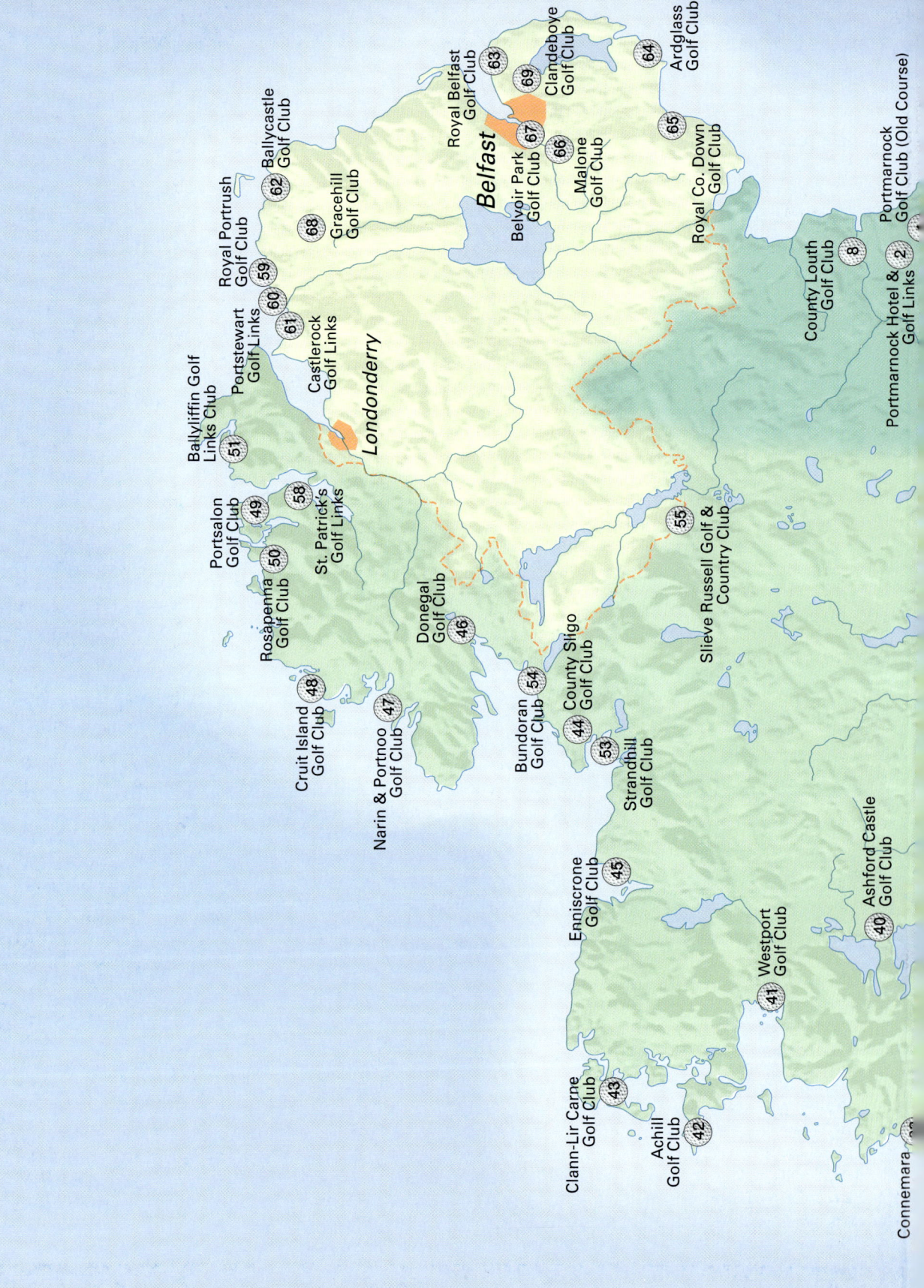

Royal Belfast Golf Club **63**

Clandeboye Golf Club

Ardglass Golf Club **64**

Ballycastle Golf Club **62**

69

67 *Belfast*

66 Malone Golf Club

65 Royal Co. Down Golf Club

Royal Portrush Golf Club

Gracehill Golf Club **68**

Belvoir Park Golf Club

Portmarnock Golf Club (Old Course) **2**

County Louth Golf Club **8**

Portmarnock Hotel & Golf Links

Portstewart Golf Links **59**

60

61 Castlerock Golf Links

Londonderry

Ballyliffin Golf Links Club **51**

Portsalon Golf Club **49**

58 St. Patrick's Golf Links

55 Slieve Russell Golf & Country Club

Rosapenna Golf Club **50**

Donegal Golf Club **46**

Cruit Island Golf Club **48**

Narin & Portnoo Golf Club **47**

Bundoran Golf Club **54**

County Sligo Golf Club **44**

Strandhill Golf Club **53**

Enniscrone Golf Club **45**

Westport Golf Club **41**

Ashford Castle Golf Club **40**

Clann-Lir Carne Golf Club **43**

Achill Golf Club **42**

Connemara